UEBERREUTER
WIRTSCHAFT

Stephen C. Lundin | Harry Paul | John Christensen

FISH!

Ein ungewöhnliches Motivationsbuch

UEBERREUTER
WIRTSCHAFT

Die Deutsche Bibliothek – CIP-Einheitsaufnahme

Lundin, Stephen C.
Fish! : Ein ungewöhnliches Motivationsbuch ; Mit einem Vorwort von Ken Blanchard. – Stephen C. Lundin, Harry Paul, John Christensen / Wien/Frankfurt : Wirtschaftsverlag Ueberreuter, 2001
Einheitssacht.: Fish <dt.>
ISBN 3-7064-0756-6

Unsere Web-Adressen:

http://www.ueberreuter.at
http://www.ueberreuter.de

2 3 / 2003 2002 2001

Aus dem Amerikanischen von Regina Berger
Originaltitel: „FISH! A Remarkable Way to Boost Morale and Improve Results“; originally published in the United States and Canada by Hyperion.
This translated edition published by arrangement with Hyperion.

Umschlag: INIT, Büro für Gestaltung
Druck: Druckerei Theiss GmbH, A-9400 Wolfsberg
Printed in Austria

Widmung

Dieses Buch ist den Millionen von Menschen gewidmet, die an ihrem Arbeitsplatz liebend gerne eine lockere, spielerische und produktive Atmosphäre hätten, aber auch den Milliarden von Fischen, die lieber nicht auf dem weltberühmten Pike Place Fischmarkt durch die Luft segeln möchten.

Sie finden in diesem Buch den Schlüssel für die Schaffung eines innovativen und verantwortungsvollen Arbeitsumfelds, in dem Spielfreude, Konzentration und engagierte Mitarbeiter für mehr Energie, größere Begeisterung, höhere Produktivität und neue Kreativität sorgen.

Vorwort

Von Ken Blanchard, Ph.D.
Mitautor von *Der Minuten-Manager* und *Gung Ho!*

Fish! ist eine unglaubliche Geschichte, die John Christensen auf Film gebannt hat. Er und sein Firma ChartHouse haben ein faszinierendes Video über den weltberühmten Pike Place Fischmarkt in Seattle produziert. Ich führe dieses Video den Teilnehmern meiner Seminare vor, um ihnen zu zeigen, was passiert, wenn man *Gung Ho!*-Mitarbeiter heranbildet.

Nun haben sich Stephen Lundin und mein langjähriger Kollege Harry Paul mit John zusammengetan, um die *Fish!*-Story zu Papier zu bringen. In welchem Medium auch immer – es ist eine wundervolle Liebesgeschichte. Wie uns das Buch verspricht: „Wenn wir uns dafür entscheiden, die Arbeit die wir tun zu lieben, dann können wir jeden Tag Glück, Lebenssinn und Erfüllung erfahren."

Wie wichtig das ist? Es ist ganz unglaublich wichtig, wenn man bedenkt, dass Erwachsene rund 75 Prozent der Zeit, die sie nicht schlafen, mit Arbeit und allem was dazugehört verbringen. Sie ziehen sich für die Arbeit an, fahren zur Arbeit, tun ihre Arbeit, denken über ihre Arbeit nach und müssen sich nach der Arbeit entspannen. Wenn wir also so viel Zeit, einen so großen Teil unseres Lebens mit Arbeit verbringen, sollten wir sie auch genießen und uns für sie begeistern können. Und doch nehmen viele die Zeit an ihrem Arbeitsplatz nur in Kauf, um ihre Bedürfnisse anderswo zu befriedigen. „Endlich Freitag, Gott sei Dank!" ist immer noch eine Lebenseinstellung für viele.

Damit kann jetzt Schluss sein – wenn Sie *Fish!* lesen, darüber mit Ihren Arbeitskollegen sprechen und die vier Geheimnisse und dort vorgeschlagenen Maßnahmen umsetzen, wie Lundin, Paul und Christensen es empfehlen. Ich garantiere Ihnen, dass jeder Manager von *Fish!* profitieren wird, weil er damit nicht nur seine Mitarbeiter bei der Stange hält, sondern seine Leute von Grund auf neu motiviert, stolz auf die Arbeit zu sein, die sie leisten. Menschen arbeiten gern in einer Umgebung, die ihnen Spaß und Energie vermittelt, in der sie etwas bewegen können. Die *Fish!*-Philosophie nützt jedem Mitarbeiter, weil sie ihn vor Burnout bewahrt und dafür sorgt, dass die Arbeit spannend bleibt.

Sie merken, dass ich von *Fish!* ziemlich begeistert bin. Ich halte es für ein großartiges Buch. Die Geschichte des weltberühmten Pike Place Fischmarkts ist einfach phantastisch. Doch in diesem Buch geht es nicht nur um das Verkaufen von Fisch. Nein, diese Liebesgeschichte kann sich auch in Ihrer Organisation wiederholen.

Lieben, was man tut

Es ist heute in Mode gekommen zu glauben, dass wir nur das tun sollten, was wir wirklich gerne machen. Schreiben Sie Gedichte, umsegeln Sie die Welt mit einer Jacht, malen Sie – tun Sie, wofür Sie sich begeistern können, das Geld kommt dann wie von selbst. Wir sagen uns, das Leben sei zu kurz, um unsere Zeit mit Tätigkeiten zu verschwenden, die wir nicht mögen, und suchen ständig nach dem perfekten Arbeitsplatz. Doch die Gefahr liegt darin, dass sich diese Suche immer auf die Zukunft konzentriert und wir das phantastische und wunderbare Leben versäumen, das wir heute, ja schon in diesem Augenblick führen könnten.

Tatsache ist, dass es unsere Lebenssituation oftmals unmöglich macht, ständig dem idealen Job hinterherzulaufen. Viele von uns haben gegenüber ihrer Familie oder aufgrund ihrer Lebensumstände Verpflichtungen zu erfüllen. Andere haben ein aufreibendes Privatleben, das ihnen weder die Zeit noch die Kraft lässt, nach einer neuen Arbeit Ausschau zu halten.

Fish! ist eine Parabel, eine erfundene Geschichte darüber, wie wir uns die verborgenen Energiequellen erschließen, wie wir Kreativität und Enthusiasmus, die in jedem von uns existieren, freisetzen können, indem wir lernen zu lieben was wir tun – auch wenn wir im Augenblick vielleicht nicht gerade das tun, was wir lieben.

FISH!

Seattle, Montagmorgen

Es war ein nasskalter, trüber, trostloser Montag in Seattle, drinnen wie draußen. Das Beste, was der Wetterbericht für diesen Tag zu bieten hatte, war ein mögliches Aufreißen der Wolkendecke um die Mittagszeit. An Tagen wie diesem vermisste Mary Jane Ramirez das sonnige Südkalifornien.

Wie eine Achterbahn, dachte sie, als sie die letzten drei Jahre Revue passieren ließ. Ihr Ehemann Dan hatte dieses großartige Angebot von Microrule bekommen, und sie war ihm in der Hoffnung gefolgt, am neuen Wohnort gleich einen Job zu finden. In nur vier Wochen hatten sie alles über die Bühne gebracht – kündigen, packen, umziehen, Kinderbetreuung, es lief wie geschmiert. Der Immobilienmarkt in Los Angeles wartete offenbar gerade auf ihr Haus, jedenfalls hatten sie es im Nu verkauft. Und tatsächlich fand Mary Jane fast sofort eine leitende Stelle bei First Guarantee Financial, einem der großen Finanzinstitute Seattles.

Dan war begeistert von seiner Arbeit bei Microrule. Nach der Arbeit sprudelte er förmlich über vor Energie, wenn er erzählte, wie toll seine Firma und wie anspruchsvoll sein Job war. Meistens brachten Dan und Mary Jane dann die Kinder zu Bett und redeten abends noch lange. Und trotz der Begeisterung für seine eigene Arbeit verlor Dan nie das Interesse an Mary Janes Alltag, fragte nach ihren neuen Kollegen und den Problemen, mit denen sie sich herumschlagen musste. Wer die beiden zusammen sah, wusste sofort, dass sie dicke Freunde waren. Sie blühten auf, wenn sie beisammen waren.

Eine Möglichkeit war in ihrer detaillierten Lebensplanung allerdings nicht vorgesehen. Rund ein Jahr nach ihrer Ankunft in Seattle musste Dan mit Blaulicht ins Krankenhaus gebracht werden. Ein Aneurysma war geplatzt – eine „genetische Besonderheit", wie sie es nannten – und er starb an seinen inneren Blutungen ohne noch einmal das Bewusstsein erlangt zu haben. Ganz ohne Vorwarnung, sie hatten nicht einmal die Zeit, sich voneinander zu verabschieden.

In diesem Monat werden es zwei Jahre. Nicht einmal ein Jahr haben wir gemeinsam in Seattle verbracht.

Eine Welle von Erinnerungen und Emotionen kam in ihr hoch und drohte sie zu überwältigen. Mary Jane unterbrach ihren Gedankenfluss und riss sich zusammen. *Keine Zeit jetzt für private Gefühle. Mein Arbeitstag ist noch nicht einmal zur Hälfte vorbei und ich ersticke in Arbeit.*

First Guarantee Financial

Während ihrer drei Jahre bei First Guarantee hatte sich Mary Jane als Abteilungsleiterin einen ausgezeichneten Ruf erarbeitet. Sie war nicht früher im Büro und ging auch nicht später als die anderen, aber sie arbeitete engagiert und effizient, so dass nichts unerledigt liegenblieb. Die Sorgfalt, durch die sich ihre Arbeit auszeichnete, machte es ihr nicht immer leichter. So versuchten beispielsweise viele Kollegen, Mary Janes Abteilung in die eigene Arbeit mit einzubinden. Sie wussten, dass auf diese Weise alles rechtzeitig fertig sein würde und dass sie höchste Qualität erwarten durften.

Sie war auch eine angenehme Vorgesetzte. Sie interessierte sich immer für die Anliegen und Ideen ihrer Mitarbeiter, die sie dafür mochten und respektierten. Sie machte keine große Sache daraus, für jemanden mit einem kranken Kind oder einem wichtigen Termin einzuspringen. Als Vorgesetzte ging sie immer mit gutem Beispiel voran. Sie tat dies mit einer lockeren Art, setzte niemanden unter Druck. Ihre Untergebenen und Kollegen arbeiteten gerne mit ihr und für sie. Mary Janes Abteilung war bekannt als ein Team, auf das man zählen konnte.

Ganz anders die große interne Abwicklungsabteilung im dritten Stock, die häufig aus ganz anderen Gründen ins Gerede kam. Begriffe wie *Schmarotzer, Wüste, Zombie, desinteressiert, unerfreulich, langsam* und *negativ* fielen nur allzu oft, wenn vom dritten Stock gesprochen wurde. Es war die Abteilung mit dem schlechtesten Ruf. Unglücklicherweise musste aber beinahe jeder Geschäftsbereich mit dem dritten Stock zusammenarbeiten, weil dort die meisten Aufträge von First Guarantee bearbeitet wurden. Jeder fürchtete den Kontakt mit dieser Abteilung.

Unter den Abteilungsleitern kursierten immer die neuesten Geschichten über das Fiasko im dritten Stock. Diejenigen, die bereits dort gewesen waren, beschrieben ihn als einen derart toten Ort, dass man das Gefühl habe, hier werde einem das Leben direkt aus dem Körper gesaugt. Mary Jane erinnerte sich an das Gelächter, als einer der anderen Manager sagte, er hätte eigentlich den Nobelpreis verdient. Auf ihre Frage, was er denn meinte, sagte er: „Ich habe möglicherweise Leben im dritten Stock entdeckt." Alles brüllte.

Dann, ein paar Wochen später, nahm Mary Jane – zögernd und etwas widerstrebend – ihre Beförderung zur Abteilungsleiterin der Arbeitsgruppe im dritten Stock an. Während die Firma große Hoffnungen in sie setzte, hatte sie selbst lange mit sich gerungen, ob sie diese Herausforderung überhaupt annehmen sollte. Sie war mit ihrem bisherigen Job immer zufrieden gewesen und ihre Risikobereitschaft hatte seit Dans Tod sehr abgenommen. Ihre Abteilung hatte sie aufgefangen in der harten Zeit nach Dans Tod, und sie fühlte sich inzwischen stark mit diesen Menschen verbunden. Jeder von ihnen hatte in diesen schwierigen Tagen so viel von sich selbst gegeben. Die Trennung würde schwer fallen.

Mary Jane war sich durchaus bewusst, welch schrecklicher Ruf dem dritten Stock vorauseilte. Genau genommen hätte sie wohl liebend gern auf Beförderung und Gehaltserhöhung verzichtet, wären da nicht immer noch die unvorhergesehenen Unkosten von Dans Krankenhausaufenthalt zu tragen gewesen. Hier war sie also nun – im berüchtigten dritten Stock. Die dritte Abteilungsleiterin in den letzten zwei Jahren.

Der dritte Stock

Während der ersten fünf Wochen ihrer neuer Tätigkeit hatte sie versucht, die Arbeitsweise und die Leute kennen zu lernen. Sie stellte überrascht fest, dass ihr viele der Menschen, die hier arbeiteten, sympathisch waren, und doch musste sie bald zugeben, dass dieser Stock seinen Ruf tatsächlich verdiente. Da war zum Beispiel Bob, ein „Veteran" des dritten Stocks, der bereits seit fünf Jahren hier war. Mary Jane beobachtete ihn dabei, wie er das Telefon zuerst sieben Mal läuten ließ, um dann den Stecker herauszuziehen. Sie hörte auch, dass Martha einem Kollegen erklärte, wie sie es all jenen in der Firma, die sie mit der Forderung nach schnellerer Auftragsabwicklung „drangsalierten", heimzahlte – indem sie ihre Akten „aus Versehen" unter das Postausgangskörbchen schob. Wann immer Mary Jane in den Pausenraum kam, war gerade jemand am Tisch eingenickt.

Oft dauerte es morgens zehn bis fünfzehn Minuten, bis sich jemand des klingelnden Telefons annahm, weil einfach niemand pünktlich zum offiziellen Dienstbeginn erschien. Wurden die Mitarbeiter auf ihr Zuspätkommen angesprochen, hatten sie eine große Auswahl an faulen Ausreden auf Lager. Dass, wenn der dritte Stock beschrieben wurde, Wörter wie „Zombie" fielen, war also wirklich nicht verwunderlich. Mary Jane hatte keine Ahnung, was sie dagegen unternehmen sollte, sie wusste nur, dass etwas geschehen musste – und zwar bald.

Eines Abends, als die Kinder eingeschlafen waren, schlug sie ihr Notizbuch auf und versuchte, die Situation in Worte zu fassen. Am nächsten Morgen besah sie sich ihre Eintragungen:

Es mag kalt und trostlos gewesen sein diesen Freitag, aber ein Blick durch den Glasausschnitt auf meine Abteilung reichte, um das triste Wetter draußen geradezu einladend erscheinen zu lassen. Es gibt dort einfach absolut keine Energie. Bisweilen ist es schwer zu glauben, dass es im dritten Stock lebende Menschen geben soll. Die Leute werden nur wach, wenn es um Kindergeschichten oder eine bevorstehende Hochzeit geht. Nie zeigt irgendjemand Enthusiasmus, wenn es um die Arbeit geht.

Ich bin für dreißig Angestellte verantwortlich und der Großteil von ihnen verrichtet im Schneckentempo die wenige Arbeit für ein kleines Gehalt. Viele machen seit vielen Jahren denselben öden Job auf dieselbe verschlafene Art und Weise und sind durch und durch gelangweilt. Es scheinen nette Leute zu sein, doch falls sie jemals einen Funken Energie in sich gespürt haben, dann haben sie es inzwischen vergessen. Diese Abteilungskultur ist eine so mächtige und niederdrückende Kraft, dass neue Mitarbeiter rasch jeden Enthusiasmus verlieren. Wenn ich an den Bürozellen vorbeigehe, fühlt es sich an, als sei der Sauerstoff aus der Luft gesaugt worden. Ich kann kaum atmen.

Letzte Woche ertappte ich vier Angestellte, die noch immer nicht das Computersystem benutzen, das hier bereits vor zwei Jahren installiert worden ist. Sie meinten, sie würden die alte Arbeitsweise bevorzugen. Ich frage mich, welche Überraschungen noch auf mich warten.

Vermutlich sind ja viele Bürojobs so. Da ist nicht viel, was einen begeistern könnte, nur lauter Papierkram, der erledigt werden muss. Aber so muss es nicht sein. Ich muss einen Weg finden, ihnen zu zeigen, wie immens wichtig unsere Arbeit für die Firma ist. Ohne uns könnte das Unternehmen seine Kunden nicht bedienen und zufrieden stellen.

Aber obwohl unsere Arbeit ein entscheidender Teil des Ganzen ist, wird sie doch hinter den Kulissen verrichtet und irgendwie als selbstverständlich hingenommen. Sie ist ein unsichtbarer Bestandteil der Organisation und würde niemals bemerkt werden, wäre sie nicht so miserabel. Und – machen wir uns nichts vor – sie ist *miserabel.*

Es ist mit Sicherheit keiner von uns aus Liebe zu seiner Arbeit in dieser Abteilung tätig. Ich bin hier nicht die einzige mit Geldproblemen. Viele der weiblichen Mitarbeiter und auch einer der männlichen Angestellten sind Alleinerzieher. Jack hat gerade seinen kranken Vater zu sich genommen. Bonnie und ihr Ehemann haben nun zwei Enkel als Dauergäste. Gehalt, Sicherheit und Sozialleistungen – das sind die einzigen drei Gründe, warum wir hier sind.

Mary Jane dachte über den letzten Satz ihrer Notizbucheintragung nach. Büro hatte immer einen lebenslangen Arbeitsplatz bedeutet. Der Lohn war angemessen, die Jobs waren sicher. Durch die Glasscheibe betrachtete sie die Reihen der Bürokabinen und Schreibtische und fragte sich: „Wissen meine Leute, dass die von ihnen so geschätzte Sicherheit vielleicht nur eine Illusion ist? Sehen sie, wie sehr die Marktkräfte unsere Branche verändern? Begreifen sie, dass wir uns alle umstellen und weiterbilden müssen, damit unsere Firma sich auf dem immer stärker umkämpften Markt der Finanzdienstleister behaupten kann? Und sind sie sich im Klaren darüber, dass wir uns, wenn sich hier nichts verändert, irgendwann nach anderen Jobs umsehen müssen?"

Sie kannte die Antworten. Nein. Nein. Nein. Nein. Ihre Angestellten waren in ihrer Art zu arbeiten festgefahren. Man hatte sie viel zu lange im Hinterstübchen sich selbst überlassen. Sie machten einfach ihren Job und hofften, dass die Rente schneller kam als irgendwelche Veränderungen. Und wie sah es bei ihr selbst aus? Hatte sie eine andere Einstellung?

Das schrille Klingeln des Telefons holte sie jäh in die Gegenwart zurück. Auf den Anruf folgten sechzig Minuten Katastropheneinsatz. Zuerst musste sie feststellen, dass die Akte eines wichtigen Kunden verschwunden war und alles darauf hinwies, dass sie zuletzt im dritten Stock gesehen worden war. Dann hatte eine Angestellte aus einer anderen Abteilung derart die Nase voll davon, nicht durchgestellt zu werden, dass sie höchstpersönlich auftauchte und ihrem

Unmut heftig Luft machte. (Wenigstens brachte das ein wenig Leben in die Bude.) Darauf gab es Ärger mit jemandem von der Rechtsabteilung, der gleich dreimal hintereinander aus der Leitung geworfen worden war. Und schließlich stellte sich heraus, dass einer der zahlreichen Krankgemeldeten heute einen wichtigen Projekttermin gehabt hätte. Nachdem der letzte Brandherd des Morgens notdürftig gelöscht war, schnappte sich Mary Jane ihr Lunchpaket und machte, dass sie hinauskam.

Die Giftmülldeponie

Mary Jane hatte sich in den letzen fünf Wochen angewöhnt, in der Mittagspause das Gebäude zu verlassen. In der Kantine hörte man ohnehin immer dasselbe – Diskussionen über die Probleme der Firma und Gejammer über den dritten Stock. Das empfand Mary Jane mittlerweile als zu persönlich und zu deprimierend. Sie brauchte frische Luft.

Meistens schlenderte sie den Hügel hinab, um an der Promenade zu essen. Dort blickte sie, während sie an ihrem Bagel kaute, auf das Wasser oder beobachtete die Touristen, wie sie zwischen den kleinen Läden umherliefen. Es war eine ruhige Umgebung und die Natur rund um den Puget Sound vermittelte ihr eine tröstliche Erdverbundenheit.

Diesmal war sie auf ihrem Weg in die Mittagspause erst ein paar Schritte weit gekommen, als hinter ihr das energische Läuten ihres Telefons ertönte. *Es könnte der Kindergarten sein,* überlegte sie. *Stacy sah erkältet aus heute morgen.* Sie rannte zurück zu ihrem Schreibtisch und riss beim vierten Klingeln den Hörer von der Gabel. „Mary Jane Ramirez am Apparat", keuchte sie.

„Mary Jane, ich bin's, Bill."

Du meine Güte, was will der denn, dachte sie, als sie die Stimme ihres neuen Chefs hörte. Bill war ein weiterer Grund gewesen, warum sie gezögert hatte, den Job zu übernehmen. Er hatte den Ruf, ein richtiger Mistkerl zu sein, und soweit sie das beurteilen konnte, verdiente er ihn auch. Er kommandierte die Leute herum, ließ einen niemals aussprechen und hatte eine nervtötend herablassende Art, sich nach dem Stand der Dinge zu erkundigen. „Mary Jane, bleiben Sie wohl dran an diesem Stanton-Projekt?" Als ob sie keine Ahnung hätte. Mary Jane war hier die dritte Abteilungsleiterin in zwei Jahren und langsam dämmerte ihr, dass das Problem nicht allein bei den Leuten vom dritten Stock lag, sondern offenbar auch bei Bill.

„Ich war den ganzen Vormittag lang auf einer Sitzung der Geschäftsführung, und ich möchte Sie heute Nachmittag sehen."

„Sicher, Bill. Gibt es ein Problem?“

„Die Geschäftsführung glaubt offensichtlich, wir müssten uns auf harte Zeiten gefasst machen. Um die durchzustehen, wird jeder sein Bestes geben müssen. Mehr Produktivität mit den gleichen Leuten – oder es wird Veränderungen geben. Wir haben über den negativen Einfluss einiger Firmenbereiche geredet, deren Energie und Arbeitsmoral so schlecht sind, dass sie alle anderen mit runterziehen.“

Eine düstere Vorahnung beschlich Mary Jane.

„Der Boss war auf einem dieser Weichei-Seminare über Arbeitsmoral, Teamgeist und all solches Zeugs, und das scheint ihn irgendwie in Fahrt gebracht zu haben. Ich finde nicht, dass es fair ist, den dritten Stock allein für alle Probleme verantwortlich zu machen, aber es sieht ganz so aus, als ob er den dritten Stock selbst für das größte Problem hielte.“

„Er macht den dritten Stock für alles verantwortlich?“

„Ja, er hat den dritten Stock nicht nur konkret erwähnt, er hatte sich sogar einen besonderen Namen ausgedacht: ‚Giftmülldeponie‘. Ich kann Ihnen sagen, ich finde es unerträglich, geradezu demütigend, eine meiner Abteilungen als eine Giftmülldeponie bezeichnet zu hören!“

„Eine Giftmülldeponie?“

„Ja, und der Boss hat mir die Hölle heiß gemacht mit Fragen, was ich dagegen unternehme. Ich habe ihm gesagt, dass ich seiner Meinung bin und Sie in die Abteilung geholt habe, um das Problem zu lösen. Wir sollen ihn über die Fortschritte auf dem Laufenden halten. Also – haben Sie das Problem schon gelöst?“

Ob sie das Problem schon gelöst hatte?! Sie hatte diesen Job doch erst seit fünf Wochen! „Noch nicht“, sagte sie.

„Sie müssen schneller machen, Mary Jane. Wenn Sie der Aufgabe nicht gewachsen sind, muss ich das wissen, um die nötigen Veränderungen vorzunehmen. Der Boss ist absolut überzeugt davon, dass wir alle mehr Energie brauchen, mehr Idealismus, mehr Arbeitsgeist. Ich weiß zwar nicht, wofür der dritte Stock Energie und Idealismus brauchen soll – schließlich seid ihr nicht bei der NASA. Was kann man denn von einem Haufen Buchhalter erwarten. Wahrscheinlich wurde so lange über den dritten Stock gewitzelt, dass der Boss nun denkt, wenn wir den auf Vordermann bringen, haben wir das Problem gelöst. Wann können wir uns sehen?“

„Wie wäre es um zwei Uhr, Bill?“

„Halb drei, O.K.?“

„Klar, geht in Ordnung.“

Bill musste die Verzweiflung in ihrer Stimme gehört haben. „Nun regen Sie sich nicht auf, Mary Jane. Gehen Sie die Sache einfach mal an.“

Der geht einem doch auf den Geist, dachte sie, als sie auflegte. *Von wegen „Regen Sie sich nicht auf!" Er ist mein Boss und das Problem ist mehr als real. Was für ein Spinner.*

Ein anderer Weg

Mary Jane war völlig aufgewühlt, als sie sich ein zweites Mal zum Lift aufmachte. Anstatt den Hügel hinunter zum Wasser zu gehen, bog sie rechts zur First Street ab. Ihr war nach einem längeren Spaziergang. Der Begriff *Giftmülldeponie* geisterte in ihrem Kopf herum.

Giftmülldeponie! Was denn noch alles? Sie ging die First Street entlang und eine leise Stimme in ihrem Kopf flüsterte: „Diese negative Energie, dieses Gift ist es, was Du im dritten Stock am meisten hasst. Es muss etwas passieren."

Mary Janes impulsiver Spaziergang die First Street hinunter führte sie in einen Stadtteil, den sie noch nicht kannte. Lautes Gelächter weckte ihre Aufmerksamkeit und überrascht erblickte sie den Marktplatz zu ihrer Rechten. Sie hatte schon von diesem Markt gehört, doch wegen ihrer angespannten finanziellen Situation und ihrer beiden Kleinen verirrte sie sich nur selten auf Spezialitätenmärkte. Solange sie noch an den Arztrechnungen zahlte und immer nur das Nötigste einkaufen konnte, war es einfacher, gar nicht erst hinzugehen. Sie war gelegentlich mit dem Auto vorbeigefahren, aber noch nie zu Fuß hier gewesen.

Als sie die Richtung änderte und den Pike Place hinunter schlenderte, sah sie eine Menge gut gekleideter Leute, die sich um einen der Fischstände drängten und alle lachten. Zuerst sträubte sie sich angesichts ihrer Situation gegen diesen Ausbruch öffentlicher Heiterkeit. Sie wandte sich ab. Doch plötzlich sagte die Stimme in ihrem Kopf: „Ein herzhaftes Lachen ist eigentlich genau das, was du jetzt brauchen könntest", und sie ging ein wenig näher. Einer der Fischverkäufer brüllte: „Schönen Nachmittag, ihr Joghurtfritzen!" Dutzende gut gekleideter Leute hielten daraufhin Joghurtbecher in die Luft. *Du meine Güte*, dachte sie, *wo bin ich denn hier gelandet?*

Der weltberühmte Pike Place Fischmarkt

War das etwa ein Fisch, der da durch die Luft flog? Sie fragte sich noch, ob sie wohl träumte, als schon der nächste hinterher kam. Einer der Händler – sie trugen alle die gleichen weißen Schürzen und schwarzen Gummistiefel – schnappte sich einen großen Fisch, schleuderte ihn fünf Meter hinüber zum Ladentisch und schrie: „Ein Lachs auf dem Flug nach Minnesota!"

Da wiederholten alle anderen Verkäufer im Chor: „Ein Lachs auf dem Flug nach Minnesota!“ Der Kerl hinter dem Verkaufstresen fing den Fisch auf spektakuläre Weise mit einer Hand auf und verbeugte sich vor der applaudierenden Menge. *Erstaunliche Energie, diese Leute.*

Zu ihrer Rechten scherzte ein anderer Händler mit einem kleinen Jungen, indem er das Maul eines großen Fisches auf und zu schnappen ließ, als würde der Fisch sprechen. Ein etwas älterer Fischverkäufer mit schütterem grauem Haar ging auf und ab und rief: „Fragen, Fragen, Antworten auf alle Fragen über Fisch!“ Ein junger Verkäufer an der Kasse jonglierte mit Krabben. Zwei elegante ältere Herren, die Anstecknadeln der AARP* trugen, konnten sich nicht mehr halten vor Lachen, als ihr Verkäufer ein ernsthaftes Gespräch mit dem Fisch führte, den sie gerade gekauft hatten. Dieser Ort war verrückt. Mary Jane fühlte, wie sie sich mehr und mehr entspannte, während sie das Spektakel genoss.

Sie sah sich die Leute an, wie sie ihre Joghurtbecher in die Luft hielten und dachte: *Lauter Büroarbeiter. Kaufen die wirklich Fisch in ihrer Mittagspause oder kommen sie nur, um sich diesen Zirkus anzusehen?*

* *American Association of Retired Persons*, eine Lobbygruppe für Menschen im Ruhestand.

FISH!

Mary Jane hatte nicht bemerkt, dass einer der Fischhändler sie beobachtete. Irgendetwas an ihrer Neugier und Ernsthaftigkeit bewegte ihn dazu, auf sie zuzugehen.

„Was ist los? Haben sie keinen Joghurt?“ Sie drehte sich um und sah einen gutaussehenden jungen Mann mit langen schwarzen Locken. Er betrachtete sie aufmerksam, mit einem breiten Lächeln im Gesicht.

„Ich habe Joghurt in meiner Einkaufstasche“, stammelte sie und deutete auf ihre braune Tasche, „aber ich verstehe nicht, was hier vor sich geht.“

„Waren Sie schon mal hier?“

„Nein. Ich gehe zum Mittagessen meistens an die Promenade.“

„Kann ich verstehen – es ist so friedlich am Wasser. Und wie Sie sehen, ist es hier nicht allzu friedlich. Also, was führt Sie her?“

Rechts von ihr rief ein irgendwie verloren wirkender Händler: „Wer möchte einen Fisch kaufen?“ Ein anderer neckte eine junge Frau. Eine Krabbe segelte über Mary Janes Kopf hinweg. „Sechs Krabben fliegen nach Montana“, schrie jemand. „Sechs Krabben fliegen nach Montana“, wiederholten alle. Ein Fischverkäufer mit einer Wollmütze auf dem Kopf tanzte hinter der Kasse. Sie befand sich im kontrollierten Chaos, es war wie auf dem Jahrmarkt, nur besser. Doch der Fischverkäufer neben ihr ließ sich nicht ablenken. Er wartete freundlich und geduldig auf ihre Antwort. *Meine Güte*, dachte sie. *Er scheint tatsächlich an meiner Antwort interessiert zu sein – aber ich werde doch einem Wildfremden nichts über meine Probleme im Job erzählen.* Und dann tat sie genau das.

Sein Name war Lonnie und er hörte aufmerksam zu, als Mary Jane über den dritten Stock erzählte. Er zuckte mit keiner Wimper, als einer der fliegenden Fische an einem Tau hängen blieb und direkt neben ihnen auf den Boden klatschte. Er verfolgte interessiert ihre Aufzählung der zahlreichen Probleme, die sie in ihrer Abteilung und bei den dort Beschäftigten ausgemacht hatte. Als sie fertig war, sah sie Lonnie an und fragte: „Nun, was denken Sie über meine Giftmülldeponie?"

„Das ist ja ein Ding. Ich hab selbst schon an ziemlich trübseligen Orten gearbeitet. Ehrlich gesagt war es hier früher auch ziemlich beschissen. Fällt Ihnen übrigens etwas auf an unserem Markt?"

„Der Lärm, der Trubel, die ganze Energie", sagte sie ohne zu zögern.

„Und wie gefällt Ihnen die ganze Energie?"

„Ich bin begeistert", antwortete sie. „Ich bin wirklich begeistert!"

„So geht es mir auch. Und damit hab ich mir ganz schön was eingebrockt – ich glaube kaum, dass ich je wieder auf einem normalen Markt arbeiten kann. Wie gesagt, es war hier nicht immer so. Der Markt war genauso eine Mülldeponie, und zwar viele Jahre lang. Dann haben wir beschlossen, etwas zu ändern – und das ist das Ergebnis. Denken Sie, dass eine Energie wie diese hier Ihre Abteilung verändern könnte?"

„Na klar. Genau das ist es, was unsere Deponie braucht", gab sie lächelnd zu.

„Ich will Ihnen gern erklären, was meiner Meinung nach diesen Fischmarkt so besonders macht. Wer weiß, vielleicht kommen Sie dann auf ein paar gute Ideen."

„Aber wir haben nichts, was wir durch die Luft werfen könnten! Wir haben bloß langweilige Büroarbeit zu erledigen. Die meisten von uns ..."

„Nur mal langsam. Es geht doch nicht darum, Fische durch die Gegend zu schmeißen. Natürlich haben Sie einen anderen Job, und es hört sich so an, als hätten Sie da ein echtes Problem am Bein. Ich würde Ihnen gern helfen. Vielleicht lässt sich ja doch das eine oder andere von dem, was wir gelernt haben, während wir zum weltberühmten Pike Place Fischmarkt wurden, auch in Ihrer Situation anwenden. Wäre eine Abteilung voller Energie und Enthusiasmus es nicht wert, von uns zu lernen?

„Doch. Bestimmt sogar! Aber warum wollen Sie das für mich tun?"

„Dass ich zu diesem Fischmarkt gehöre und täglich erleben darf, was Sie hier sehen, hat mein Leben verändert. Ich möchte Sie nicht mit den Einzelheiten meiner Geschichte langweilen, aber mein Leben war ein einziges großes Chaos, bevor ich diesen Job bekam. Hier zu arbeiten hat mir buchstäblich das Leben gerettet. Es klingt vielleicht ein bisschen kitschig, aber ich fühle mich irgendwie verpflichtet, meine Dankbarkeit zu zeigen. Sie machen es mir in dieser Hinsicht leicht, weil Sie mir von Ihrem Problem erzählt haben. Ich glaube wirklich, dass Sie einige der Antworten, die Sie suchen, hier finden können. Wir haben eine Menge großartiger positiver Energie geschaffen."

Als er das Wort *Energie* aussprach, segelte eine Krabbe vorüber und jemand schrie mit texanischem Akzent: „Fünf Krabben auf dem Flug nach Wisconsin!" Das Echo der Menge ertönte: „Fünf Krabben auf dem Flug nach Wisconsin!"

„Sie haben Recht", antwortete sie und musste laut lachen. „Wenn dieser Fischmarkt irgendetwas hat, dann ist es Energie. Abgemacht." Sie warf einen Blick auf ihre Uhr und stellte fest, dass sie sich beeilen musste, um noch vor Ende der Mittagspause zurück zur Arbeit zu sein. Sie wusste, dass ihre Mitarbeiter ihr Kommen und Gehen genau registrierten.

Lonnie fing ihren Blick auf und sagte: „Hey, warum kommen Sie nicht morgen wieder – und zwar mit *zwei* Joghurts?“

Er drehte sich um und begann sofort damit, einem jungen Mann in Windjacke den Unterschied zwischen einem Königslachs und einem Lachs aus dem Copper River zu erklären.

Zweiter Besuch

Am Dienstag ging sie in der Mittagspause rasch die First Street entlang zum Markt hinunter. Lonnie musste schon auf sie gewartet haben, denn er tauchte plötzlich aus der Menschenmenge auf und führte sie eine Rampe hinab, an den T-Shirt-Ständen vorbei.

„Da unten, am Ende der Halle stehen ein paar Tische“, sagte er und zeigte ihr einen kleinen, mit Glaswänden abgegrenzten Raum, der einen großartigen Blick auf den Hafen und den Puget Sound bot. Lonnie aß einen Bagel und den Joghurt, den Mary Jane ihm mitgebracht hatte, während sie ihren löffelte und Fragen über den Fischmarkt stellte. Als Lonnie ihr den typischen Arbeitstag beschrieben hatte, musste sie feststellen, dass Fische verkaufen sich nicht gerade wie ein Traumberuf anhörte. Das ließ den Enthusiasmus der Arbeiter am Pike Place Fischmarkt noch beeindruckender erscheinen.

„Sieht so aus, als ob Ihre und meine Arbeit doch mehr gemeinsam hätten, als ich dachte", sagte sie, nachdem Lonnie ihr die anstrengende und immer gleiche Arbeit erklärt hatte, die auf dem Fischmarkt tagtäglich zu bewältigen war.

Lonnie blickte auf. „Wirklich?"

„Ja. Vieles von dem, was meine Leute machen müssen, ist nüchterne und monotone Routinearbeit, um es mal vorsichtig auszudrücken. Trotzdem ist unsere Arbeit wichtig. Wir bekommen nie einen Kunden zu Gesicht, aber wenn wir einen Fehler machen, regen sich die Kunden natürlich auf, und die Kundenbetreuer beschimpfen uns. Wenn wir unseren Job gut machen, merkt es kein Mensch. Es ist einfach langweilige Arbeit. Ihr habt hier eine langweilige Arbeit und macht sie auf interessante Art und Weise. Das finde ich beeindruckend."

„Haben Sie schon mal darüber nachgedacht, dass jede Arbeit langweilig werden kann, wenn man sie ständig machen muss? Manche von diesen Joghurtfritzen reisen in ihrem Job um die ganze Welt. Das hört sich für mich ziemlich aufregend an, aber sie haben mir gesagt, es wird recht schnell öde. Ich denke, unter bestimmten Voraussetzungen kann jeder Job stumpfsinnig sein."

„Da stimme ich Ihnen zu. Als Teenager bekam ich die Chance zu einem Job, von dem die meisten jungen Mädchen träumen: ich bekam einen Modelvertrag. Schon nach einem Monat hätte ich vor Langeweile heulen können. Hauptsächlich musste ich herumstehen und warten. Oder nehmen Sie Nachrichtensprecher. Ich weiß heute, dass die meisten von ihnen nur die Texte anderer Leute vorlesen. Klingt auch ziemlich fad, zumindest für mich."

„Gut. Wenn Sie akzeptieren, dass jeder Job langweilig sein kann, können Sie mir dann auch zustimmen, dass andererseits jeder Job auch mit Energie und Enthusiasmus ausgeübt werden kann?"

„Ich weiß nicht. Können Sie mir ein Beispiel geben?"

„Kein Problem. Spazieren Sie mal über den Markt und sehen sich die anderen Fischstände an. Die kapieren's einfach nicht. Das sind, wie haben Sie gestern gesagt ... Giftmülldeponien. So wie die ihre Arbeit angehen, fördern sie *unser* Geschäft. Ich habe ja schon erwähnt, dass Pike Place einmal genauso war. Dann haben wir etwas wirklich Erstaunliches entdeckt: *Man hat immer die Wahl, wie man seine Arbeit machen will, auch dann, wenn man sich die Arbeit selbst nicht aussuchen kann*. Das war die wichtigste Lehre für uns, als wir den Pike Place Fischmarkt zu dem machten, was er heute ist. *Wir können uns aussuchen, mit welcher Einstellung wir an unsere Arbeit herangehen.*“

FISH!

WÄHLE DEINE EINSTELLUNG

Mary Jane zog ihren Notizblock aus der Tasche und schrieb:

**Man hat immer die Wahl,
wie man seine Arbeit machen will,
auch dann, wenn man sich die Arbeit selbst
nicht aussuchen kann.**

Dann dachte sie über die Worte nach, die sie eben niedergeschrieben hatte, und fragte: „Weshalb sollte man sich eigentlich die Arbeit selbst nicht aussuchen können?“

„Gute Frage. Klar, man kann immer kündigen und hat so gesehen auch die Wahl, ob man einen Job machen möchte. Kündigen ist aber wohl nicht immer der Weisheit letzter Schluss – wenn man bedenkt, dass man ja oft auch anderen gegenüber Verantwortung hat. Das meine ich, wenn ich von Wahlmöglichkeiten spreche. Aber die Einstellung, mit der man an die Arbeit herangeht, kann sich jeder selbst aussuchen.“

Lonnie fuhr fort: „Ich erzähle Ihnen einmal etwas über meine Großmutter. Die hat ihre Arbeit immer mit einem

Lächeln und einer Menge Liebe gemacht. Wir Enkelkinder wollten unbedingt in der Küche helfen, weil Geschirr spülen mit Großmutter so viel Spaß machte. Dabei wurden zahllose Geschichten erzählt. Für uns Kinder war das enorm wertvoll – ein durch und durch liebevoller Erwachsener.

Inzwischen habe ich kapiert, dass es nicht so war, dass meine Großmutter das Geschirrspülen liebte. Sie ging aber mit Liebe an die Arbeit und das war ansteckend.

Genauso haben meine Kumpel und ich erkannt, dass wir immer mit einer bestimmten Einstellung an die Arbeit am Fischmarkt herangehen. Wir können launisch hierher kommen und einen deprimierenden Tag haben. Wir können schlecht gelaunt zur Arbeit erscheinen und unseren Mitarbeitern und Kunden auf die Nerven gehen. Oder wir kommen vergnügt, heiter und mit guter Laune und verleben einen großartigen Tag. Es liegt an uns, wie unser Arbeitstag verläuft. Wir haben lange über diese Sache mit der Einstellung diskutiert und uns dann gesagt: wenn wir schon hier arbeiten müssen, dann sollten wir den Tag mit soviel Spaß wie möglich über die Runden bringen. Hört sich vernünftig an, oder?"

„Das tut es allerdings."

„Die Vorstellung, dass alles nur an uns selbst liegt, hat uns so viel Schwung gegeben, dass wir gleich auch noch beschlossen haben, weltberühmt zu werden. Es macht doch viel mehr Spaß, seinen Arbeitstag damit zu verbringen, ‚weltberühmt' zu sein, als stinknormal wie alle anderen zu malochen. Verstehen Sie, was ich meine? Die Arbeit auf einem Fischmarkt ist kalt, nass, glitschig, es riecht nicht gerade angenehm und es ist eine ordentliche Plackerei. Aber zumindest haben wir die Möglichkeit, unsere Arbeitseinstellung zu bestimmen."

„Ja, ich denke, ich hab's verstanden. Sie entscheiden sich bewusst für die Einstellung, die Sie zur Arbeit mitbringen. Diese freie Entscheidung bestimmt, wie Sie an die Arbeit herangehen. Die Arbeit selbst nimmt Ihnen keiner ab, also sind Sie lieber der weltberühmte Pike Place Fischmarkt als ein Haufen gewöhnlicher Fischhändler. Klingt alles ganz leicht."

„Leicht zu verstehen, ja. Aber nicht ganz so leicht umzusetzen. Pike Place wurde nicht über Nacht zu dem, was es heute ist – das hat fast ein Jahr gedauert. Ich selbst war ein schwieriger Fall – man könnte sagen, ich war ein bisschen reizbar. Mein ganzes Leben war irgendwie außer Kontrolle. Ich habe wirklich nie viel darüber nachgedacht; ich dachte mir eben, ich weiß, wie der Hase läuft. Das Leben ist hart und ich muss auch hart sein. Dann, als wir beschlossen hatten, hier einen ganz besonderen Fischmarkt aufzubauen, wehrte ich mich zuerst gegen die Vorstellung, ich könnte mir selbst aussuchen, wie ich jeden Tag leben will. Ich war einfach zu sehr in meiner Opferrolle festgefahren. Eines Tages nahm mich einer von den älteren Kollegen beiseite, der wie ich in seinem Privatleben ziemlich harte Zeiten hinter sich hatte. Und der erklärte es mir, sozusagen von Fischhändler zu Fischhändler. Ich überlegte mir die Sache und beschloss, es eben zu versuchen. Inzwischen bin ich bekehrt. Ich weiß, dass sich jeder Mensch seine Einstellung aussuchen kann. Ich weiß es, weil ich mir meine ausgesucht habe."

Mary Jane war beeindruckt – von dem, was sie hörte und ebenso von ihrem Gegenüber. Sie blickte auf und bemerkte, dass Lonnie sie leicht belustigt ansah. Sie musste wohl zu träumen begonnen haben.

„Entschuldigung. Ich werde es auf einen Versuch ankommen lassen. Was gehört noch zu Ihrem Erfolgsrezept?"

„Dazu gehören vier Zutaten, aber das mit der Einstellung ist der Kern des Ganzen. Ohne die bewusste Wahl der richtigen Einstellung ist alles andere zwecklos. Belassen wir es also dabei und heben uns die anderen drei für später auf. Nehmen Sie die erste Zutat und probieren Sie mal aus, was Sie damit in Ihrem dritten Stock ausrichten können. Rufen Sie mich einfach an, wenn Sie bereit sind, den nächsten Schritt zu wagen. Haben Sie unsere Nummer?"

„Die steht doch überall hier angeschrieben!"

„Ja, stimmt. Wir sind nicht übertrieben bescheiden, was? Also, bis bald – und danke für den Joghurt."

Mut, etwas zu verändern

Die nächsten zwei Tage hielt der Job Mary Jane gehörig auf Trab. Das war zumindest ihre Ausrede. Sie dachte oft an ihr Gespräch mit Lonnie und an die Idee, sich die eigene Arbeitseinstellung bewusst auszusuchen. Doch obwohl ihr die Philosophie des Fischmarktes zusagte, bemerkte sie, dass irgendetwas sie zurückhielt. *Wenn du nicht sicher bist, hol' dir mehr Informationen*, dachte sie.

Am Freitag beschloss sie, Bill nach diesem Seminar zu fragen, das der Chef besucht hatte. Es konnte nicht schaden, etwas darüber zu erfahren, was ihn bekehrt hatte. Am Nachmittag rief sie Bill an.

„Bill, wie kann ich mehr über dieses Arbeitsmoralseminar erfahren, an dem der große Häuptling teilgenommen hat?"

„Warum interessiert Sie das? Das war irgend so ein ‚New Age'-Mist, die verbringen wahrscheinlich den ganzen Tag mit Warmduschen. Warum wollen Sie Ihre Zeit mit so etwas verschwenden?"

Mary Jane fühlte, wie die Wut in ihr hochstieg. Sie atmete

tief durch und sagte: „Hören Sie mal zu, Bill, als ich diesen Job annahm, war uns beiden klar, dass es hier eine Menge zu tun gibt. Nun ist der Anspruch sogar noch gestiegen – und wir haben noch weniger Zeit zur Verfügung. Das ist Ihr Schlamassel genauso wie es meiner ist. Also, wollen Sie mir nun helfen oder das Leben schwer machen?"

Ich kann nicht glauben, dass ich das gesagt habe, dachte sie. *Hat aber richtig gut getan!*

Bill blieb gelassen, ihre unverblümte Art schien ihm überhaupt nichts auszumachen. „O.K., O.K. Kein Grund zur Aufregung. Hier liegt eine Cassette von diesem Seminar. Ich soll sie mir anhören, bin aber bis jetzt noch nicht dazu gekommen. Wollen Sie sich das Ding anhören und mir dann sagen, was drauf ist?"

„Geht klar, Bill. Ich schaue vorbei und hole mir die Cassette."

Eine denkwürdige Autofahrt

Der Berufsverkehr nach Bellevue bewegte sich nur im Schneckentempo vorwärts, aber Mary Jane nahm keine Notiz davon. Sie überdachte ihre Situation. *Wann habe ich mein Selbstvertrauen verloren?* fragte sie sich. *Mit Bill mal Klartext zu reden – das war das erste Mal seit langer Zeit, dass ich so etwas wie Courage aufbringe. Das erste Mal seit zwei Jahren, um genau zu sein*, gestand sie sich ein, und begann endlich – nur halb bewusst – die Teile ihres Puzzles zusammenzusetzen. *Ich habe einfach zu viel zu denken.* Von ihren Gefühlen überwältigt, legte sie Bills Cassette ein.

Aus den Lautsprechern kam eine sonore Stimme, die Mary Jane gleich in ihren Bann zog. Es war eine Aufnahme von Gedichten, die der Autor für arbeitende Menschen verfasst hatte, weil er glaubte, seine Verse könnten anderen helfen, mit den täglichen Leben fertig zu werden. Der Name des Dichters war David Whyte. Er sprach eine Weile und trug dann eines seiner Gedichte vor. Was sie hörte, wühlte sie auf. Seine Worte sprachen sie direkt an.

> Die Bedürfnisse der Firma und unsere Bedürfnisse als Arbeitnehmer sind dieselben. Kreativität, Leidenschaft, Flexibilität, mit ganzem Herzen dabei sein ...

Stimmt genau, dachte sie.

> Wir öffnen im Sommer unsere Autofenster auf dem Firmenparkplatz – nicht um die Schonbezüge vor der Hitze zu schützen, sondern weil

> nur sechzig Prozent von uns das Gebäude überhaupt betreten und der Rest von uns den ganzen Tag im Auto bleibt und dort draußen atmen muss. Wie wäre es wohl, würden wir unser gesamtes Ich mit zur Arbeit nehmen?

Wer ist dieser Kerl? Dann, ohne jede Vorwarnung, kamen in ihr die Emotionen hoch, als David Whyte sein Gedicht „Vertrauen" vortrug. Er sagte, er habe dieses Gedicht zu einer Zeit geschrieben, als er keinerlei Selbstvertrauen hatte:

Vertrauen

von David Whyte

Ich will über Vertrauen schreiben,
darüber, wie der Mond aufgeht
über dem kalten Schnee, Nacht für Nacht

voller Vertrauen, selbst wenn seine volle Pracht vergeht
langsam schwindet bis zu jenem letzten schmalen
Bogen und unwirklichen
Hauch von Licht vor der endgültigen Dunkelheit
ich aber habe kein Vertrauen
ich lasse es nicht zu, verschließe mich vor ihm

So soll dies, mein kleines Gedicht,
wie der neue Mond, schmal und kaum zu sehen,
das erste Gebet sein, dass mich Vertrauen fassen lässt

Das war also mit dem Ausspruch „Der Lehrer erscheint, sobald der Schüler bereit ist" gemeint. Das Gedicht hatte ihr einen Augenblick der Einsicht beschert, und Mary Jane erkannte endlich, was sie lähmte und zurückhielt. Durch Dans plötzlichen Tod und unter dem Druck, als alleinerziehende Mutter für ihre Kinder verantwortlich zu sein, hatte sie jeden Glauben daran verloren, dass sie allein in der Welt zurechtkommen konnte. Sie riskierte nichts, weil sie Angst hatte, sie könnte scheitern und dann nicht mehr in der Lage sein, für sich und für ihre Kinder zu sorgen.

In der Firma eine Reihe von Veränderungen anzustoßen, wäre ein Risiko. Wenn es schief ging, konnte sie ihren Job verlieren. Diese Möglichkeit bestand allemal. Dann überlegte sie, was für ein Risiko es bedeutete, nichts zu verändern. *Verändern wir nichts, könnten wir alle unsere Jobs verlieren. Und es geht nicht nur darum. Ich will nicht an einem Ort arbeiten, an dem es weder Energie noch Leben gibt. Ich weiß, was diese Abteilung in einigen Jahren aus mir gemacht haben wird, und das ist keine schöne Vorstellung. Und wie werde ich als Mutter sein, wenn ich das geschehen lasse? Was für ein Beispiel werde ich meinen Kindern geben? Wenn ich am Montag mit dem Veränderungsprozess beginne, muss mein erster Schritt die Wahl* meiner eigenen *Arbeitseinstellung sein. Ich setze auf Vertrauen und Selbstvertrauen. Ich muss fest daran glauben, dass es mir gut gehen wird, was auch immer geschehen mag.*

Ich bin ein Stehaufmännchen; das habe ich bereits bewiesen. Es wird mir gut gehen, was auch passiert. Es ist Zeit, auf der Giftmülldeponie aufzuräumen. Nicht nur, weil es gut wäre für die Firma – wobei ich sicher bin, dass es für die Firma großartig wäre. Und auch nicht nur, weil ich dafür verantwortlich bin, das Problem zu lösen – das ist ein wichtiger Grund, aber einer, der von außen an mich herangetragen wurde. Der wahre Anstoß, etwas zu unternehmen, kommt aus mir selbst. Ich muss mein Selbstvertrauen zurückgewinnen, und dieses Problem in der Firma zu lösen wird mir dabei helfen.

Sie erinnerte sich an eine Passage auf der Cassette: „Ich bin nicht der Meinung, dass Firmen Gefängnisse sein müssen – wir selbst sind es, die manchmal Gefängnisse aus ihnen machen, durch die Wahl unserer Arbeitseinstellung. Ich habe mir ein Gefängnis geschaffen, dessen Mauern mein eigener Mangel an Selbstvertrauen sind."

Die Gefängnismetapher kam ihr vertraut vor – sie war sich sicher, sie schon früher einmal in einem anderen Seminar, das sie besucht hatte, gehört zu haben. Als sie beim Kindergarten angekommen war und ihr Auto geparkt hatte, nahm sie als erstes ihr Notizbuch zur Hand und schrieb:

Das Leben ist viel zu kostbar, um auch nur einen Bruchteil meines Tages, ganz zu schweigen von meiner gesamten Arbeitszeit, in einer Giftmülldeponie zu vergeuden. Ich will nicht so leben und ich bin mir sicher, meine Mitarbeiter werden dasselbe denken, sobald sie erkennen, dass sie eine Wahlmöglichkeit haben.

Diese Abteilung ist schon sehr lange so, wie sie jetzt ist. Wenn ich hier etwas verändern möchte, ist das riskant; eine Erfolgsgarantie gibt es nicht. Aber vielleicht ist das gut so. Die Ereignisse der letzten Zeit haben mein Selbstvertrauen erschüttert. Wenn ich mich jetzt bewusst den unumgänglichen Risiken stelle, kann ich wieder Selbstvertrauen gewinnen. Tatsache ist, dass es wahrscheinlich ohnehin riskanter ist, nichts zu unternehmen, als das Risiko einzugehen, aktiv zu werden.

Irgendwo in meinen Unterlagen gibt es etwas, das mir jetzt helfen könnte. Ich muss es finden, denn ich brauche jede Hilfe, die ich bekommen kann.

Mit diesem Gedanken stieg sie aus, um ihre Tochter abzuholen.

„Mami, Mami, deine Augen sind ganz nass, hast du geweint? Was ist denn los, Mami?“

„Ja Schatz, ich habe geweint, aber es hat mir gut getan. Wie war dein Tag?“

„Ich habe ein Bild von unserer Familie gemalt, willst du es sehen?“

„Sicher, zeig mal her!“ Sie blickte auf das Blatt Papier und sah, wie die vier Figuren, die ihre Tochter gezeichnet hatte, sie ansahen: die Tochter, der Sohn, die Mutter – und der Vater. „Ach du liebe Zeit“, flüsterte sie. *Schon wieder wird mein Selbstvertrauen auf die Probe gestellt.*

„Hol‘ deine Sachen, Liebling; wir müssen Brad abholen.“

Sonntagnachmittag

Der Sonntagnachmittag gehörte Mary Jane. Sie richtete es so ein, dass die Kinder jeden Sonntag wenigstens zwei Stunden lang betreut wurden. Sie sah das als kleine Belohnung für sich selbst an, und danach fühlte sie sich immer erholt und wieder bereit, sich den Herausforderungen von Job und Familie zu stellen. Sie nutzte die Zeit, um etwas Besinnliches oder einen guten Roman zu lesen, um Fahrrad zu fahren oder einfach nur um Kaffee zu trinken und abzuschalten. Seattle war voll von Cafés, und ein besonders gutes befand sich gleich drei Straßen weiter. Mary Jane schnappte sich ein paar Bücher und machte sich auf den Weg. Ihr Lieblingstisch in einer ruhigen Ecke des Cafés wartete auf sie.

„Einen großen Cappuccino, bitte!" Sie setzte sich an ihren Tisch und beschloss, zuerst etwas Besinnliches zu lesen. Sie holte ihr abgegriffenes Exemplar von Sarah Ban Breathnachs *Einfachheit und Fülle* hervor, ein Buch, das für jeden Tag des Jahres einen anregenden Text bereit hält, und schlug die Seite für den achten Februar auf. Begriffe sprangen ihr ins Auge, die direkt auf ihre Situation gemünzt schienen:

> Den meisten Leuten ist es unangenehm, sich selbst als Künstler zu sehen ... Dabei ist jeder von uns Künstler ... Mit jeder *Wahl*, die wir Tag für Tag treffen, *schaffen* wir ein einzigartiges Kunstwerk. Etwas, das kein anderer Mensch hervorbringen könnte ... Wir werden geboren, um der Welt unser eigenes unauslöschliches Vermächtnis zu hinterlassen. Das ist unsere *Authentizität* ... *Respektieren* wir unseren Schaffensdrang ... fassen wir *Selbstvertrauen* ... dann werden wir

> entdecken, dass unsere *Wahlmöglichkeiten* ebenso authentisch sind wie wir selbst. Vor allem aber werden wir entdecken, dass unser Leben genau das ist, was es sein soll: ein freudiges Lied des Dankes.

Sie hatte vorgehabt, sich Gedanken über die Arbeit zu machen, und nun trugen sie diese Worte über Selbstvertrauen und Entscheidungen zurück zum Fischmarkt. *Die Leute dort sind Künstler*, dachte sie, *sie müssen Tag für Tag bewusst kreativ sein*. Und sie hatte einen verblüffenden Gedanken: *Auch ich kann eine Künstlerin sein*.

Anschließend griff sie zu einem Hefter mit Materialien aus einem Führungskräfte-Seminar, an dem sie einmal teilgenommen hatte. Dort hatte sie zum ersten Mal vom „Gefängnis“ als Metapher für die Arbeit gehört. Sie fand die verblichene Fotokopie einer Rede von John Gardner. Sie erinnerte sich, wie Gardner die Leute aufgefordert hatte, seine Rede zu vervielfältigen, eine großzügige Geste, wie sie fand. *Er muss etwas Wichtiges gesagt haben, wenn ich mich nach all der Zeit noch an ihn erinnere*. Sie las die Rede sorgfältig durch, Seite für Seite.

Die Rede von John Gardner

Die Passage begann:

> Es ist ein Rätsel, warum manche Männer und Frauen körperlich und geistig nachlassen, während andere ihr ganzes Leben lang vital bleiben. „Nachlassen" mag dabei ein zu vager Ausdruck sein. Vielleicht sollte ich sagen, dass manche Leute einfach aufhören zu lernen und sich weiterzuentwickeln.

Mary Jane hielt inne und dachte: *Trifft genau auf meine Abteilung zu – und auf mein altes Ich.* Sie musste lächeln bei dem Gedanken, dass ihre eigene Formulierung „mein altes Ich" bereits eine Entscheidung beinhaltete. Dann wandte sie sich wieder dem Text zu:

> Man muss beim Bewerten der Ursachen Verständnis zeigen. Vielleicht hat das Leben diese Leute mit Problemen konfrontiert, die sie nicht lösen können. Vielleicht ist ihr Selbstvertrauen oder ihre Selbstachtung einmal sehr verletzt worden ... Oder sie mussten so lange kämpfen, bis sie vergessen hatten, wofür sie kämpften.

Ich spreche also von Menschen, die aufgehört haben zu lernen und sich weiterzuentwickeln – egal wie beschäftigt und fleißig sie nach außen wirken. Ich will das nicht herabwürdigen. Das Leben ist hart. Manchmal braucht es schon Mut, um einfach nur weiterzumachen ...

Wir müssen der Tatsache ins Auge sehen, dass die meisten Männer und Frauen in der Arbeitswelt da draußen erschöpfter sind als sie ahnen und mehr Langeweile empfinden, als sie zugeben wollen ...

Ein berühmter französischer Schriftsteller sagte einmal: „Es gibt Leute, deren Uhr an einem gewissen Punkt ihres Lebens stehen bleibt." Ich habe schon viele Leute durchs Leben gehen sehen. Wie Yogi Berra sagt: „Man kann eine Menge beobachten, wenn man nur hinschaut." *Ich bin überzeugt, dass die meisten Menschen es genießen zu lernen und sich weiterzuentwickeln – und zwar in jedem Alter.* Wenn wir uns der Gefahr des Nachlassens bewusst sind, können wir entsprechende Gegenmaßnahmen ergreifen. Wenn deine Uhr stehen bleibt, dann kannst du sie wieder aufziehen.

Ich weiß etwas über dich, das du selbst vielleicht nicht einmal ahnst. In dir steckt mehr Energie als du bisher genutzt hast, mehr Begabung als du bisher entfaltet hast, mehr Kraft als du bisher benötigt hast und mehr Hingabe als du bisher gezeigt hast.

Kein Wunder, dass ich mich an diesen John Gardner erinnert habe. In meinem Leben müssen eine Menge Uhren aufgezogen werden – und die erste ist meine eigene, dachte sie.

Mary Jane nutzte die ganze nächste Stunde, um in ihr Notizbuch zu schreiben und bemerkte erfreut, wie ruhig und ausgeglichen sie sich mit einem Mal fühlte. Bevor sie sich auf den Nachhauseweg machte, las sie nochmals durch, was sie geschrieben hatte, und markierte die Stelle, die sie sich als Leitspruch für Montagmorgen ausgesucht hatte:

Um das Problem unserer Giftmülldeponie zu lösen, wird es erforderlich sein, dass ich in jeder Hinsicht die Führung übernehme. Die Gefahr des Misslingens werde ich auf mich nehmen müssen. Es gibt keine Garantie. Aber nichts zu unternehmen macht das Scheitern zur Gewissheit. Ich kann also ebenso gut gleich beginnen. Mein erster Schritt wird es sein, meine Einstellung zu wählen. Ich entscheide mich für Selbstvertrauen und Glauben an den Erfolg. Ich werde meine Uhr neu aufziehen und bereit sein, mein Lernen und meine Entwicklung zu genießen, während ich versuche, das, was ich auf dem Fischmarkt gelernt habe, in meiner Giftmülldeponie anzuwenden.

Montagmorgen

Um fünf Uhr dreißig morgens überkamen Mary Jane leise Schuldgefühle, als sie mit Stacy und Brad vor dem Kindergarten wartete, bis der seine Pforten öffnete. An Tagen wie diesem musste auch Brad im Kindergarten bleiben, bis ein Bus ihn zur Schule brachte. Sie sah in die verschlafenen Augen ihrer Kinder und sagte: „Ich werde euch bestimmt nicht oft so früh aus dem Bett holen, Kinder, aber heute brauche ich einfach etwas mehr Zeit, um ein wirklich wichtiges Projekt vorzubereiten."

Brad rieb sich die Augen und sagte: „Macht doch nichts, Mami.“ Stacy meinte: „Ich bin gern als erste da. Da können wir uns die Videospiele aussuchen!“

Als der Kindergarten öffnete, brachte Mary Jane die beiden hinein und umarmte sie zum Abschied. Als sie sich noch einmal umsah, waren sie schon beschäftigt.

Die Fahrt zur Arbeit verlief problemlos – der Berufsverkehr würde erst später richtig einsetzen – und um fünf vor sechs saß sie mit einer dampfenden Tasse Kaffee und einem Schreibblock an ihrem Schreibtisch. Sie nahm einen Stift zur Hand und schrieb in großen Buchstaben:

WÄHLE DEINE EINSTELLUNG

Schritte:

- Berufe eine Sitzung ein, in der du aussprichst, was dir am Herzen liegt.
- Zeige deinen Mitarbeitern, dass jeder seine Einstellung frei wählen kann – und zwar auf eine Art und Weise, dass alle diese Wahlmöglichkeit verstehen und auf sich selbst beziehen können.

- Sorge für die nötige Motivation.
- Was du brauchst, sind Beharrlichkeit und Selbstvertrauen.

Jetzt kommt der schwierige Teil. Was genau sage ich meinen Leuten hier im dritten Stock? Sie begann, ihre Gedanken niederzuschreiben.

Montagmorgens teilten sich die Mitarbeiter des dritten Stocks immer in zwei Gruppen. Die einen beantworteten die hereinkommenden Anrufe, während die anderen zu ihr in den Konferenzraum kamen – dann wurde gewechselt. Als die erste Gruppe hereinkam, hörte sie die üblichen Berichte über Familienangelegenheiten und die unvermeidlichen Beschwerden über den Montagmorgen. *Das sind gute Leute,* sagte sie sich. Sie spürte, wie ihr Herz schneller schlug, als die Runde um sie herum nach und nach verstummte und alle ihre Aufmerksamkeit auf sie richteten. *Jetzt geht's los.*

Mary Janes Ansprache

„Wir müssen heute ein sehr ernstes Thema besprechen. Vor einigen Wochen hat unser stellvertretender Direktor ein Seminar besucht. Als er zurückkam, war er davon überzeugt, dass wir bei First Guarantee mehr Energie und Enthusiasmus brauchen. Seiner Meinung nach sind diese beiden Dinge der Schlüssel zu höherer Produktivität, zu weniger Personalfluktuation, zu gutem Kundenservice und einer Reihe anderer Qualitätsmerkmale. Das alles brauchen wir, um in einer Branche, die sich mit Riesenschritten verändert und konsolidiert, mithalten zu können. Er hat ein Treffen der Führungskräfte einberufen und uns vom dritten Stock als ‚Giftmülldeponie' bezeichnet. Sie haben richtig gehört, er nannte unsere Abteilung eine Giftmülldeponie, in der mal richtig aufgeräumt werden müsste."

Mary Jane blickte in die Gesichter, in denen sich eine Mischung aus Verblüffung und Unwillen abzeichnete. Von Adam, einem langjährigen Mitarbeiter, kam der erste Kommentar: „Sollen die doch mal unsere Arbeit machen. Etwas Langweiligeres gibt es nicht."

Einer der besonders lethargischen Angestellten fügte hinzu: „Wozu brauchen wir denn hier Energie? Wir machen doch unsere Arbeit, oder nicht?"

Der Vorwurf, Arbeit und Personal des dritten Stocks ließen sich mit giftigem Abfall vergleichen, wurde von niemandem in Frage gestellt.

Mary Jane fuhr fort: „Ich möchte, dass Ihnen klar ist, dass sich dieses Problem nicht in Luft auflösen wird. Vielleicht wird der stellvertretende Direktor sein Interesse an der Sache wieder verlieren, und Bill wird es möglicherweise auch vergessen, aber ich sicher nicht. Sehen Sie, ich halte diese Beschreibung für vollkommen gerechtfertigt. Wir sind tatsächlich eine Ansammlung giftiger, negativer Energie. Die anderen Abteilungen der Firma hassen es, mit uns überhaupt zu tun zu haben. Sie nennen uns auch ‚die Grube'. In der Mittagspause machen sie sich lustig über uns. Sie verspotten uns in den Gängen. Und sie haben Recht. Zum Teufel, stimmt es etwa nicht, dass die meisten von uns selbst ungern hierher kommen und es als Müllhalde betrachten? Ich glaube, dass wir das ändern können und müssen, und ich will, dass Sie wissen, warum."

Die Verblüffung in den Gesichtern wich einem Ausdruck völliger Ratlosigkeit. Kein Laut war zu hören.

„Sie alle kennen meine Lebensgeschichte. Wie Dan und ich in diese Stadt kamen, mit all unseren Hoffnungen und Träumen und mit zwei kleinen Kindern. Wie ich durch Dans plötzlichen Tod auf einmal alleine dastand. Dass Dans

Lebensversicherung viele der großen Ausgaben nicht deckte und ich mich plötzlich in einer wirklich schwierigen finanziellen Situation wiederfand.

Was Sie vielleicht nicht wissen ist, was das alles in mir bewirkt hat. Manche von Ihnen sind auch allein erziehende Eltern und wissen, wovon ich spreche. Ich brauchte diesen Job und ich hatte mein Selbstbewusstsein verloren. Ich bin mit dem Strom geschwommen, habe nie etwas getan, das meine Sicherheit hätte gefährden können. Es ist die reinste Ironie, dass meine Sicherheit nun gerade deshalb gefährdet sein könnte, *weil* ich mit dem Strom geschwommen bin. Tja, diese Tage sind vorbei.

Und so sieht es jetzt aus: Ich brauche diesen Job noch immer, aber ich möchte nicht den Rest meines Arbeitslebens auf einer Giftmülldeponie verbringen. Was ich aus Dans Tod hätte lernen sollen, habe ich jetzt erst begriffen. *Das Leben ist zu kostbar, um es bis zur Rente an sich vorüber ziehen zu lassen.* Wir verbringen zuviel Zeit am Arbeitsplatz, um sie gedankenlos zu verschwenden. Ich glaube, wir können aus dem dritten Stock einen besseren Arbeitsplatz machen.

Jetzt kommt die gute Nachricht. Ich kenne jemanden, der für eine weltbekannte Organisation arbeitet und ein Experte in Sachen Energie ist. Sie werden ihn noch kennen lernen. Heute möchte ich Ihnen den ersten Punkt seines Programms vorstellen: *Wir selbst entscheiden über unsere Einstellung.*"

Mary Jane erläuterte die Idee der freien Wahl der eigenen Arbeitseinstellung, dann bat sie um Fragen.

Steve hob die Hand. Als Mary Jane ihm zunickte, sagte er: „Mal angenommen, ich fahre mit dem Auto, und irgendein Idiot schneidet mich im schlimmsten Verkehr. Das ärgert mich und ich hupe oder mache sogar eine eindeutige Handbewegung, falls Sie wissen, was ich meine. Wo bleibt da dieses Wahldingsbums? Nicht ich habe etwas getan, sondern jemand anderer hat mir etwas getan. Wo sehen Sie da die Entscheidungsfreiheit?"

„Ich will Sie einmal etwas fragen, Steve. Wenn Sie durch ein heruntergekommenes Viertel der Stadt fahren, würden Sie dann auch solche Gesten machen?"

Steve grinste. „Oh nein! Damit kann man sich ziemlichen Ärger einhandeln."

„Sie entscheiden also frei über Ihre Reaktion, wenn Sie durch ein Armenviertel fahren, haben aber in der eleganten Vorstadt keine Wahl?"

„O.K., Mary Jane. O.K., ich hab's kapiert."

„Sie hätten keine bessere Frage stellen können, Steve. Wir können uns nicht aussuchen, wie andere Leute Auto fahren, aber wir können bestimmen, wie wir reagieren. Hier bei First Guarantee können wir uns zwar die Arbeit, die erledigt werden muss, nicht aussuchen, aber wir bestimmen, wie wir sie angehen. Ich möchte, dass Sie alle darüber nachdenken, in welchen Bereichen das, was wir eben besprochen haben, zutrifft. Vielleicht finden Sie etwas, das uns unsere Wahlmöglichkeit vor Augen führt. Viel Glück. Und denken Sie daran: unser Arbeitsleben hängt davon ab."

Die Sitzung mit der zweiten Gruppe lief sehr ähnlich ab. Weil keine Fragen gestellt wurden, wiederholte sie Steves Frage aus der ersten Sitzung. Es war halb elf Uhr, Montagmorgen. Sie war erschöpft von den Sitzungen, wusste aber, dass dies ihre erste Chance war, sich für eine neue Einstellung zu entscheiden. Und das tat sie.

Die Woche verging wie im Flug. Sie erweiterte ihren Tagesplan, indem sie jeden Tag eine Runde durch die Bürokabinen machte, um da zu sein, falls jemand über die Idee, seine Einstellung selbst zu wählen, reden wollte. Als sie zu Steve kam, sagte er: „Mann, Sie haben's mir aber gegeben bei der Montagssitzung."

„Ich hoffe, ich habe Sie nicht in Verlegenheit gebracht."

„Ehrlich, Mary Jane, Sie haben mir einen großen Gefallen getan. Alles, was ich in letzter Zeit gemacht habe, war reagieren. Sie haben mich daran erinnert, dass ich selbst wichtige Entscheidungen treffen muss und auch treffen kann, wenn ich mich am Riemen reiße und den Mut aufbringe."

„Den Mut?"

„Meine jetzige Beziehung ist eine Katastrophe. Ich muss etwas unternehmen. Ich weiß jetzt, dass das Problem nicht verschwindet, wenn ich immer nur reagiere und mich als Opfer fühle. Ich muss mich mit der Situation auseinander setzen. Tut mir leid, wenn ich nicht mehr sagen kann, aber es ist ziemlich persönlich."

„Viel Glück, Steve, und danke, dass Sie mir Ihre Geschichte anvertraut haben."

„Oh, wir alle vertrauen Ihnen, Mary Jane. Es ist nur, dass diese Arbeit so öde ist und wir nichts als Beschwerden zu hören bekommen. Wir fühlen uns irgendwie unter Dauerbeschuss. Bleiben Sie dran – meine Unterstützung haben Sie."

Sie war angenehm überrascht, wie viele der Mitarbeiter sie ermutigten und in ihrem Vorhaben bestärkten. Auch wenn die meisten noch keine klare Vorstellung hatten, was man im Einzelnen tun könnte, gefiel ihnen doch allen der Gedanke, eine angenehmere Arbeitsumgebung zu schaffen.

Dann am Freitag passierte es. Sie stieg im dritten Stock aus dem Lift und sah sich einem riesigen Poster gegenüber. Die Überschrift lautete „WÄHLE DEINE EINSTELLUNG" und in der Mitte stand zu lesen: MENÜ-AUSWAHL DES

TAGES. Darunter befanden sich zwei Zeichnungen, eine mit einem lachenden und eine mit einem finsteren Gesicht. Sie konnte es kaum fassen. *Sie haben es begriffen!*, dachte sie und stürmte in ihr Büro, um Lonnie anzurufen.

Nachdem sie ihm von der „Speisekarte“ erzählt hatte, schlug sie vor, ihre Unterhaltung fortzusetzen. Lonnie meinte, Montagmittag sei günstig. Weil Mary Jane nicht bis nächste Woche warten wollte, verabredeten sie, dass sie sich am Samstag auf dem Markt treffen würden und dass Mary Jane die Kinder mitbringen sollte.

Samstag auf dem Fischmarkt

Samstags war immer viel los auf dem Markt, deshalb schlug Lonnie vor, sie sollten möglichst früh kommen. Mary Jane fragte leichtsinnigerweise, wann sie denn frühestens kommen könnten. Lonnie antwortete, er finge um fünf mit der Arbeit an. Schließlich einigten sie sich auf acht Uhr.

Brad und Stacy waren noch schläfrig, als sie ins Auto einstiegen, aber als sie dann Seattle erreicht und einen Parkplatz gefunden hatten, waren sie aufgedreht und voller Erwartung. Die Fragen nahmen kein Ende. „Wo fangen sie die Fische? Sind es große Fische? Gibt‘s dort Haie? Sind da auch noch andere Kinder?“

Als die drei den Pike Place zum Markt hinunterschlenderten, war Mary Jane überrascht, wie ruhig und friedlich es war. Sie entdeckte Lonnie sofort, er stand an der Auslage. Sie war beeindruckt, wie übersichtlich und zweckmäßig der Stand sortiert war. Die Fische und Meeresfrüchte lagen auf Eis und waren mit Namen und Preisangaben versehen; es gab sogar Angaben über Zubereitungsmöglichkeiten und anderen Besonderheiten. In einem Abschnitt war das Eis noch leer.

„Morgen“, sagte Lonnie mit seinem üblichen Lächeln. „Und wer sind diese zwei Fischhändler?“

Mary Jane stellte ihre Kinder vor. Lonnie begrüßte sie und meinte, es sei Zeit für die Arbeit. Als sie ihren Notizblock hervorkramen wollte, schüttelte er den Kopf und sagte: „Nein, nicht diese Art von Arbeit. Ich dachte, ihr drei könntet mir helfen, die Auslage fertig herzurichten.“

„Cool“, sagte Brad.

„Ich hab‘ zwar keine Stiefel in eurer Größe gefunden, aber dafür gibt es Schürzen. Hier, diese drei könnt ihr anziehen, dann geht es los.“

Stacy schaute ein bisschen unsicher, und Mary Jane umarmte sie. Lonnie nahm Brad mit nach hinten in den Kühlraum, während Mary Jane an den Auslagen entlang ging und Stacy die Fische und anderen Meerestiere zeigte. Nach ungefähr fünfzehn Minuten kamen Lonnie und Brad zurück, einen riesigen Karren voller Fische vor sich her schiebend. Um genau zu sein schob Lonnie den Karren, Brad hing eher daran, so dass seine Füße gerade noch den Boden berührten.

SPIELE

„Mami! Du kannst dir nicht vorstellen, wie toll es da hinten ist! Da müssen eine Million Fische drin sein. Stimmt's, Lonnie? Und ich habe auch geholfen!" Lonnie nickte ihm lächelnd zu, tat aber so, als wären sie schwer beschäftigt. „Wir müssen diese Fische jetzt abladen, damit der Markt anfangen kann, Kumpel. Bist du bereit, mit anzupacken?"

Brad war begeistert. Er half Lonnie, einen Tunfisch hochzuheben, der ihn dann auf das Eis zu den anderen, ordentlich aneinander gereihten Fischen legte. Der Fisch war beinahe so groß wie Brad, und Mary Jane bedauerte, dass sie ihren Fotoapparat nicht mitgenommen hatte. Die Art, wie Lonnie mit Brad „zusammen arbeitete", war faszinierend. Immer wieder brachte er ihn zum Lachen, indem er so tat, als hätte ihn einer der Fische gebissen, oder indem er ihn sonst irgendwie neckte. Als nur noch Platz für zwei weitere Tunfische in der Reihe war, sagte Lonnie zu Brad, er solle nun allein weitermachen, und half ihm dann unauffällig beim Heben der schweren Fische. Hätte Brad in diesem Augenblick seinen Superhelden benennen müssen, wäre die Wahl ohne Zweifel auf Lonnie gefallen.

„Jetzt sollte eure Mami aber auch mal etwas arbeiten. Nehmen Sie bitte Ihren Notizblock zur Hand, Mary Jane, Brad wird Ihnen jetzt die zweite Zutat für einen Arbeitsplatz voll Energie nennen."

„Brad?"

„Allerdings. Die zweite Zutat, ausgesucht von ein paar Fischhändlern mit selbstgewählter Arbeitseinstellung, ist etwas, das jedem Kind geläufig ist. Wenn wir älter und ernster werden, vergessen wir nur, wie wichtig es ist. Brad, sag deiner Mami, was du in der Schule in den Pausen so machst."

Brad schaute hinter dem Tunfisch hervor, der ihn gegen den Tresen drückte, und sagte: „Spielen."

Mary Jane öffnete ihr Notizbuch und trug ein: **SPIELEN!** Sie dachte zurück an die Szene, die sich bei ihrem ersten Besuch am Fischmarkt abgespielt hatte. Genau das war es, was sie damals gesehen hatte – einen Schulhof oder einen Spielplatz voller erwachsener Kinder. Sie warfen mit Fischen, neckten einander und die Kunden, riefen die Bestellungen und wiederholten sie im Chor. Die Stimmung war wirklich ansteckend gewesen.

„Verstehen Sie mich nicht falsch", sagte Lonnie. „Wir betreiben hier ein Unternehmen, um damit Geld zu verdienen. Dieser Markt sorgt dafür, dass eine Menge Leute jeden Monat ihren Lohn bekommen, und wir nehmen unsere Jobs sehr ernst, aber wir haben entdeckt, dass wir das Geschäft ernst nehmen und trotzdem mit Spaß an die Arbeit herangehen können. Sie wissen schon – nicht verkrampfen, sondern die Dinge ein wenig laufen lassen. Was viele unserer Kunden für Entertainment halten, ist eigentlich nur ein Haufen erwachsener Kinder, die sich einen Spaß machen, aber auf eine respektvolle Art und Weise.

Und davon profitieren wir sehr. Wir verkaufen jede Menge Fische. Wir haben wenig Personalwechsel – die Leute bleiben einfach gerne hier. Wir genießen eine Arbeit, die sehr öde sein könnte. Wir sind zu Freunden geworden, wie die Spieler in einer erfolgreichen Mannschaft. Wir sind stolz auf das, was wir tun und darauf, wie wir es tun. Und wir sind weltberühmt geworden. Alles wegen etwas, das Brad tut, ohne viel darüber nachzudenken. Wir wissen, wie man spielt!"

Brad sagte: „Mami, warum bringst du deine Leute nicht zu Lonnie, damit er ihnen zeigen kann, wie man spielt?"

BEREITE ANDEREN FREUDE

Plötzlich sprach jemand Mary Jane von der Seite an. „Hey, Frau Reporterin, wollen Sie 'nen Fisch kaufen?" Einer von Lonnies Kollegen war zu ihnen gestoßen und hielt einen großen Fischkopf hoch. „Ich mache Ihnen einen guten Preis für diesen hier. Es fehlen ein paar Teile, aber der Preis ist unschlagbar." Er formte das Fischmaul zu einem Lächeln und sagte: „Ich nenne ihn den grinsenden Sushi. Kostet nur einen Penny." Er sah sie mit einem verrückten, schiefen Grinsen an.

Lonnie lachte und natürlich wollte Brad den Kopf auch einmal halten. Stacy versteckte sich hinter den Beinen ihrer Mutter. Mary Jane holte einen Penny hervor und gab ihn dem Mann, der von allen „Wolf" genannt wurde. Sie musste nicht erst fragen, warum. Sein Haar war struppig, und seine Augen verfolgten das Geschehen wie ein Raubtier seine Beute. Dieser Wolf war aber eindeutig zahm und hatte, wenn so etwas möglich ist, eine großväterliche Art an sich. Wolf packte den grinsenden Sushi in eine Tüte und gab sie Brad, der vor Begeisterung strahlte. Da meldete sich die schüchterne Stacy zum ersten Mal an diesem Morgen zu Wort und sagte, sie wolle auch einen haben. Wolf brachte gleich zwei weitere Fischköpfe. Nun hatte jeder einen grinsenden Sushi.

„Danke, Wolf. Du hast uns gerade die dritte Zutat unseres Rezeptes für einen energiegeladenen weltberühmten Markt gezeigt", sagte Lonnie.

„Hat er das?"

„Denken Sie doch an die ersten beiden Male, die Sie hier waren, Mary Jane. Woran erinnern Sie sich?"

„Da war doch diese junge rothaarige Frau, vielleicht zwanzig Jahre alt. Sie kam hinter den Tresen und versuchte, einen Fisch zu fangen. Natürlich waren die Fische glitschig und rutschten ihr durch die Hände. Trotzdem war sie begeistert."

„Warum haben Sie sich gerade das gemerkt?"

„Sie war so ganz bei der Sache, so lebhaft. Und alle anderen haben sich wohl mit ihr identifiziert. Wir konnten uns in sie hineinversetzen."

„Und was vom heutigen Tag, glauben Sie, wird Brad in Erinnerung bleiben?"

„Na, heute war er einer von den ‚großen Männern'; er war mit im Kühlraum, hat mit Ihnen gearbeitet."

„Wir nennen das *jemandem eine Freude machen.* Wir suchen immer nach Möglichkeiten, bei den Leuten angenehme Erinnerungen zu hinterlassen. Und wir sorgen für tolle Erinnerungen, jedesmal wenn wir jemandem eine Freude bereiten. So, wie wir unsere Arbeit tun, können wir unsere Kunden immer wieder einbeziehen. Das ist das Stichwort: einbeziehen. Wir wollen uns nicht von den Kunden abgrenzen, sondern mit ihnen unseren Spaß haben. Alles mit Respekt, versteht sich. Wenn es klappt, machen wir unseren Kunden eine Freude und sie haben einen schönen Tag."

Mary Jane öffnete ihren Notizblock und schrieb: **ANDEREN EINE FREUDE MACHEN.** Gedanken strömten auf sie ein: *Sie beziehen die Leute mit ein und lassen sie an ihrem Spaß teilhaben. Die Kunden machen gerne mit und es entstehen Erinnerungen, die ihnen noch lange Zeit Gesprächsstoff und Grund zum Schmunzeln geben werden. Andere einzubeziehen, sich zu bemühen, ihnen eine Freude und einen schönen Tag zu bereiten, heißt nichts anderes als seine Aufmerksamkeit dem Kunden zuzuwenden. Psychologisch gesehen brillant. Das Bemühen, jemandem einen schönen Tag zu bereiten, sorgt dafür, dass man unablässig positive Gefühle verbreitet.*

„Hallo, jemand zu Hause?"

Lonnie, Brad und Stacy starrten sie an.

„Tut mir leid, ich habe mir gerade überlegt, was für eine äußerst wirkungsvolle Zutat das ist. Ich hoffe, wir werden auch bei First Guarantee Wege finden, anderen eine Freude zu machen."

„Der Markt beginnt jetzt. Wollen wir mit den Kindern etwas essen gehen? Wir können dort ja weiterreden. Habt ihr Hunger, Kinder?"

„Jaaa!"

SEI PRÄSENT

Sie fanden einen Tisch im Café auf der anderen Straßenseite und bestellten Kaffee, heiße Schokolade und Croissants. Der Markt füllte sich jetzt schnell mit Menschen, und Lonnie machte Mary Jane darauf aufmerksam, wie die Fischhändler mit den Kunden umgingen. Er sagte ihr, sie solle gut aufpassen, dann werde sie die letzte Zutat bald selbst erkennen. Ihr Blick wanderte von einem Händler zum nächsten, sie bewunderte ihre spielerische und lockere Art zu arbeiten. Dann achtete sie auf diejenigen, die gerade nichts zu tun hatten. Diesen war deutlich anzusehen, dass sie wachsam nach der nächsten Gelegenheit Ausschau hielten, um wieder in Aktion treten zu können.

Schließlich war es ein unangenehmes Erlebnis vom

Abend zuvor, das ihr half, die Antwort zu finden. Sie erinnerte sich an die Fahrt zum Supermarkt, mit zwei erschöpften Kindern, beide reif fürs Bett. Sie hatte endlos lang am Verkaufstresen stehen und auf den Verkäufer warten müssen, bis der endlich sein Gespräch mit einem Kollegen darüber beendet hatte, wie er seinen Wagen auffrisiert hatte. Mit den müden Kindern, die immer ungeduldiger an ihrem Rock zerrten, kam es ihr vor wie eine halbe Ewigkeit. *Das könnte hier nicht passieren*, dachte sie. *Diese Leute sind geistig anwesend, wirklich präsent. Sie gehen in ihrer Arbeit auf. Ob sie überhaupt jemals ihren eigenen Gedanken nachhängen?* Sie fragte Lonnie, ob das die Antwort sei.

„Genau. Sie haben's kapiert. Doch warum überrascht mich das eigentlich nicht?" Ein spitzbübisches Lächeln huschte über seine Lippen. „Nimm dich in Acht, Giftmülldeponie – hier kommt Mary Jane!" Dann fuhr er fort: „Ich war mal in einem Lebensmittelgeschäft und stand an der Fleischtheke an. Die Angestellten waren gut drauf und amüsierten sich königlich. Das Problem war, dass sie untereinander ihren Spaß hatten und mich gar nicht beachteten. Hätten sie mich mit einbezogen, wäre es vermutlich ein wirklich tolles Einkaufserlebnis geworden. Sie machten beinahe alles richtig und hatten doch das Wichtigste vergessen: Sie waren mit ihren Gedanken woanders und ihre Aufmerksamkeit galt nicht mir, dem Kunden. Ihre Aufmerksamkeit war nur auf sie selbst gerichtet."

Mary Jane schlug ihr Notizbuch auf und schrieb: **SEI PRÄSENT.**

Zum ersten Mal machte nun Lonnie den Eindruck, als sei er geistig woanders. Sie verstand den Grund dafür, als er sagte: „Ich muss jetzt zurück an die Arbeit. Die Jungs sind immer bereit, für mich einzuspringen, aber ich will es nicht übertreiben. Aber einen Ratschlag habe ich noch für Sie, bevor ich gehe."

„Ich bin ganz Ohr."

„Ich will Ihnen natürlich nicht erzählen, wie Sie Ihren Job machen müssen, aber ich denke, es wäre wichtig, *einen Weg zu finden, dass Ihre Leute unsere ‚Fischphilosophie' auf eigene Faust entdecken können.* Ich glaube ehrlich gesagt nicht, dass sie es begreifen werden, wenn man ihnen nur davon erzählt. Brads Idee, die ganze Mannschaft hierher zu bringen, war gar nicht so übel."

„Sie und Brad geben ein gutes Team ab. In meinem Eifer, das Problem zu lösen, hätte ich wirklich fast vergessen, dass ich meinen Leuten die Gelegenheit geben muss, selbst Erfahrungen zu machen – und die Zeit, sich mit ihren Erfahrungen auseinander zu setzen. Ich danke Ihnen so sehr – für alles. Sie haben uns wirklich einen schönen Tag bereitet."

Brad konnte auf dem Nachhauseweg gar nicht aufhören zu reden. Mary Jane tat ihr Bestes, ihm aufmerksam zuzuhören. Eine verrückte Idee überkam sie. Sie lächelte und beschloss, sie am Montag in die Tat umzusetzen.

Sie erzählte es mir und dann
entdeckte ich es selbst.
Anonym

Sonntagnachmittag

Als sie am Sonntagnachmittag allein war, schlug Mary Jane ihr Notizbuch auf. Sie dachte über das Aufgeschriebene nach und fügte hier und da etwas hinzu.

WÄHLE DEINE EINSTELLUNG – Ich denke, in dieser Hinsicht haben wir einen guten Start hingelegt. Die „Menü"-Idee der Mitarbeiter war fabelhaft, das erste wirkliche Zeichen von Fortschritt. Ohne die Entscheidung für eine Arbeitseinstellung ist alles andere reine Zeitverschwendung. Da muss

ich auf jeden Fall dranbleiben, das muss uns allen immer bewusst sein.
SPIELE – Der Fischmarkt ist ein Spielplatz für Erwachsene. Wenn man dort als Fischverkäufer seinen Spaß haben kann, dann gibt es auch für uns bei First Guarantee noch Hoffnung.
BEREITE ANDEREN FREUDE – Anderen einen schönen Tag bereiten. Die Kunden werden dazu ermutigt, selbst an diesem Spiel teilzunehmen. Niemand wird ausgeschlossen. Nicht wie mein Chef damals in Los Angeles, der immer mit mir redete, als wäre ich ein Diktiergerät, und der mir nie eine von den interessanten und etwas anspruchsvolleren Tätigkeiten übertragen wollte.
SEI PRÄSENT – Diese Fischhändler sind immer voll bei der Sache. Sie träumen nicht vor sich hin oder telefonieren bei der Arbeit. Sie behalten die Leute im Auge und beschäftigen sich mit ihren Kunden. Sie haben sich mit mir unterhalten, als wäre ich ein Freund, den sie ewig nicht mehr gesehen haben.

Montagmorgen

Als sie den Aufzug betrat, bemerkte sie, dass Bill hinter ihr stand. *Das erspart mir den Weg in sein Büro,* dachte sie. Der Aufzug war voller Leute, so dass an ein Gespräch nicht zu denken war, aber als die Tür sich im dritten Stock öffnete, drehte sie sich zu Bill um und drückte ihm ihre Tüte in die Hand, aus der es ein wenig streng roch. „Ein Geschenk, Bill. Es heißt grinsender Sushi." Als sich die Lifttüren hinter ihr schlossen, hörte sie von drinnen ein lautes: „Mary Jane!"

Kaum saß sie hinter ihrem Schreibtisch, als auch schon das Telefon klingelte. „Seltsames Geschenk, Mary Jane", sagte Bill mit einem kleinen Lächeln in der Stimme. Sie erzählte ihm von Samstag. „Dann bleiben Sie dran, Mary Jane. Ich weiß zwar nicht, was der Fischmarkt mit First Guarantee zu tun hat, aber wenn Sie mich bei dem Tagesprogramm, das ich heute vor mir habe, zum Lachen bringen können, dann haben Sie vielleicht tatsächlich etwas entdeckt, das funktionieren könnte."

Als sie auflegte, wurde ihr klar, dass sich da etwas in ihrer Beziehung zu Bill verändert hatte. *Ich glaube nicht, dass viele seiner Mitarbeiter ihm offen die Meinung sagen*, dachte sie. *Seltsamerweise scheint ihn zu freuen, dass ich mich nicht einschüchtern lasse.*

Die Exkursion

In der ersten ihrer zwei Sitzungen am Montagmorgen kam sie sofort auf den Punkt. „Ich bin beeindruckt und gerührt, wie Sie zusammen daran arbeiten, uns nicht vergessen zu lassen, dass wir unsere Arbeitseinstellung Tag für Tag neu wählen können. Das ‚Wähle deine Einstellung'-Menü war eine großartige Idee und ist Gesprächsthema Nummer eins in der Firma. Es tut gut, endlich auch einmal ein paar positive Kommentare über unsere Abteilung zu hören. Nun ist es Zeit für den nächsten Schritt. Es gibt etwas, das ich Ihnen allen zeigen möchte, darum werden wir in der Mittagspause eine kleine Exkursion machen. Diese Gruppe wird am Mittwoch gehen, die andere am Donnerstag. Lunchpakete werden vorbereitet, Sie müssen also nur sich selbst mitbringen.

Die Exkursion führt uns übrigens an einen Ort, an dem viele von Ihnen schon gewesen sind. Wir gehen zu einem ganz besonderen Fischmarkt, wo wir vor Ort Studien zum Thema Energie am Arbeitsplatz anstellen können. Dort arbeiten Leute, die ein ähnliches Problem hatten wie wir hier im dritten Stock. Unser Aufgabe wird es sein herauszubekommen, wie sie es gelöst haben und wie wir ihr Erfolgsgeheimnis auf unsere Situation anwenden können."

„Ich habe einen Termin beim Zahnarzt." „Ich bin zum Mittagessen verabredet." Um sie herum wurden immer mehr Einwände laut. Überrascht hörte sie plötzlich eine entschlossene Stimme – und zwar ihre eigene – sagen: „Ich erwarte von Ihnen allen, dass Sie Ihre Termine so verschieben, dass jeder bei dieser Exkursion dabei sein kann. Es ist wichtig."

Am Mittwoch traf sich die erste Gruppe in der Eingangshalle und machte sich auf den Weg zum Markt. „Ich will von Ihnen nichts weiter, als dass Sie genau beobachten, was Sie gleich sehen werden." Sie kicherte. „Sehen Sie zu, dass Sie einen Joghurtbecher zur Hand haben." Als sie Yogi Berras Spruch „Man kann eine Menge beobachten, wenn man nur hinschaut" zitierte, erhielt sie als Antwort einen höflichen Lacher. „Na ja, das ist immerhin ein Anfang", dachte sie.

Auf dem Fischmarkt war reger Betrieb, als sie ankamen, und die Gruppe verteilte sich rasch. Das erschwerte es ihr, die Reaktionen ihrer Mitarbeiter zu beobachten, aber sie konnte doch sehen, dass es einigen deutlich Spaß machte. Sie sah John und Steve in angeregter Unterhaltung mit einem der Verkäufer. Als sie näher kam, um die Szene zu beobachten, hörte sie, wie der rothaarige Fischverkäufer zu John sagte: „Präsent sein heißt, den Kunden direkt anzuschauen ... als ob es dein bester Freund wäre ... um dich herum läuft der Betrieb weiter, aber du beschäftigst dich nur mit deinem Kunden."

Gut für John und Steve, dachte sie. *Die beiden zeigen Initiative.*

Am Donnerstag machten die Mitarbeiter der zweiten Gruppe ihre Exkursion. Sie hatten sich zweifellos bei ihren Kollegen über den Verlauf der Mittwochs-Exkursion erkundigt, jedenfalls wurden kaum Fragen gestellt und die Gruppe war eher reserviert, bis etwas Bemerkenswertes geschah. Stephanie, eine langjährige Mitarbeiterin, wurde gefragt, ob sie hinter den Tresen kommen wolle, um einen Fisch zu fangen. Obwohl sie bei der Arbeit immer einen recht schüchternen Eindruck machte, kam sie der Aufforderung nach. Zwei Fische rutschten ihr durch die Hände, was die zuschauende Menge erfreute und natürlich besonders unter ihren Kollegen für Belustigung sorgte. Beim dritten Versuch gelang ihr mit bloßen Händen ein spektakulärer Fang, auf den ein tosender Applaus, Zurufe und Pfiffe folgten. Die Fischverkäufer hatten sie von ihrer Philosophie überzeugt, indem sie ihr eine echte Freude bereitet hatten.

Stephanie hatte offenbar den Damm gebrochen. Als die Fische über ihre Köpfe sausten, taten die Leute von First Guarantee um einiges mehr, als nur ihre Joghurtbecher in die Luft zu halten.

Freitagnachmittag, Nachtreffen

Am Freitagnachmittag traf sich Mary Jane nacheinander mit den beiden Gruppen. „Wäre es nicht schön, an einem Ort zu arbeiten, wo man so viel Spaß haben kann wie die Burschen auf dem Fischmarkt?", fragte sie. Einige nickten, andere lächelten, als sie sich an die fliegenden Fische erinnerten. Stephanie lächelte am meisten von allen. Dann kehrte die Realität mit Wucht zurück.

In beiden Gruppen folgten auf das anfängliche Lächeln zahlreiche Einwände. „Wir verkaufen schließlich keine Fische", sagte Mark. „Was sollen wir denn durch die Gegend werfen?", wollte Beth wissen. „Das ist nur was für Männer", meinte Ann. „Unsere Arbeit ist stinklangweilig", beschwerte sich jemand anders. Irgendein Witzbold schlug vor: „Wir könnten ja die Auftragspapiere durch die Luft werfen!"

„Sie haben Recht, natürlich ist das kein Fischmarkt. Wir tun etwas völlig anderes. Meine Frage an Sie ist: Wollen Sie an einem Ort arbeiten, der genauso vor Energie sprüht wie der weltberühmte Pike Place Fischmarkt? Ein Ort, an dem Sie auch einmal lachen können. Ein Ort, an dem Sie bei dem, was Sie tun, und bei der Art, wie Sie es tun, ein gutes Gefühl haben. Ein Ort, bei dem man sich freuen kann, hinzugehen. Sie haben schon bewiesen, dass man seine Einstellung in vielerlei Hinsicht selbst wählen kann. Wollen wir nun einen Schritt weiter gehen?"

Stephanie meldete sich zu Wort: „Ich mag die Leute hier, die Kollegen sind in Ordnung. Trotzdem hasse ich es, zur Arbeit zu gehen. Ich kann hier drinnen kaum atmen, wie in einer Leichenhalle. Jetzt kann ich es ja zugeben: Ich habe schon angefangen, mich nach einem anderen Job umzusehen. Aber wenn wir einen Weg finden, ein bisschen Leben in die Bude zu bringen, so dass die Arbeit hier Spaß macht, würde ich mir ganz bestimmt überlegen zu bleiben."

„Danke für Ihre Ehrlichkeit und Ihren Mut, Stephanie."

Steve fügte hinzu: „Ich würde mir auch mehr Spaß bei der Arbeit wünschen."

Randy hob die Hand.

„Ja, Randy?"

„Sie haben beim letzten Mal über Ihre persönliche Situation gesprochen, Mary Jane. Das ist nicht gerade üblich für Vorgesetzte, und es hat mich zum Nachdenken gebracht. Ich erziehe meinen Sohn alleine und brauche diesen Job und die ganzen Sozialleistungen. Ich will hier keine großen Wellen machen, aber ich muss zugeben, dass ich manchmal meinen Frust an den Kollegen aus anderen Abteilungen auslasse. Ich denke mir dann, denen geht es so gut und ich bin hier in diesem Dreckloch gefangen. Sie haben mir klargemacht, dass wir selbst es sind, die ein Dreckloch aus dieser Abteilung machen, einfach durch die Art, wie wir uns verhalten. Aber wenn wir uns dafür entscheiden können, ein Dreckloch aus der Abteilung zu machen, dann können wir uns auch für etwas anderes entscheiden. Die Vorstellung, eine Wahl zu haben, hat mich wirklich begeistert. Wenn es mir hier gelingt, Spaß an der Arbeit zu entwickeln und glücklich zu sein, dann denke ich, dass mir das auch in anderen Bereichen meines Lebens gelingen müsste."

„Vielen Dank, Randy." Sie blickte dankbar zu ihm hinüber. Dann sagte sie: „Ich habe einige der Kollegen hier nicken sehen, Randy, und ich weiß, dass Sie eben etwas wirklich Wichtiges gesagt haben. Sie haben mich und andere mit Ihren aufrichtigen Worten berührt. Danke. Danke für Ihren Beitrag. Wir wollen dafür sorgen, dass dies ein besserer Arbeitsplatz wird, ein Ort, an dem wir gerne unsere Zeit verbringen.

Am Montag werden wir damit beginnen, die Fischphilosophie in unserem Stock umzusetzen. Bis dahin sollten Sie alle über ihre persönlichen Eindrücke auf dem Fischmarkt nachdenken und alle Fragen oder Ideen, die Ihnen in den Kopf kommen, aufschreiben. Wenn wir uns wieder treffen, besprechen wir, wie wir weiter vorgehen. Lassen Sie sich einfach anregen von dem, was Sie auf dem Markt gesehen haben."

Der Witzbold von vorhin meldete sich wieder zu Wort: „Wenn wir schon nicht mit den Kaufaufträgen werfen können, dürfen wir dann wenigstens die Papierschnitzel aus dem Reißwolf dazu verwenden?" Gelächter füllte den Raum. *Ein schönes Gefühl*, dachte sie.

Mary Jane verteilte noch Kopien des Konzepts, das sie auf dem Markt erarbeitet hatte, und gab kurze Erläuterungen zu den einzelnen Punkten. Sie ermutigte ihre Mitarbeiter, sich über das Wochenende ebenfalls Gedanken zu machen und ihre Ideen aufzuschreiben.

Als die zweite Sitzung zu Ende war, ging Mary Jane wieder in ihr Büro und setzte sich erschöpft an ihren Schreibtisch. *Nun habe ich ihnen für das Wochenende etwas zum Nachdenken gegeben. Aber werden sie auch nachdenken?* Sie ahnte nicht, dass ein halbes Dutzend ihrer Mitarbeiter das Wochenende dazu nutzen würde, den Markt noch einmal zu besuchen, einige von ihnen sogar mit ihrer Familie oder mit Freunden.

MARY JANES KONZEPT

Wähle deine Einstellung – Die Fischverkäufer wissen, dass sie sich jeden Tag bewusst für eine Arbeitseinstellung entscheiden. Einer von ihnen hat es so ausgedrückt: „Wenn du machst was du machst – was bist du in diesem Moment? Bist du ungeduldig und gelangweilt oder bist du *weltberühmt*? Als jemand, der weltberühmt ist, wirst du ganz anders auftreten." Was wollen wir sein, wenn wir arbeiten?

Spiele – Den Fischhändlern macht die Arbeit Spaß, und Spaß bringt Energie. Wie könnten wir mehr Spaß haben und Energie tanken?

Bereite anderen Freude – Die Leute vom Fischmarkt unterhalten sich prächtig und lassen die Kunden an ihrem Spaß teilhaben. Sie beziehen die Kunden auf eine Weise mit ein, die für positive Energie und angenehme Stimmung sorgt. Wer sind unsere Kunden und wie können wir ihnen einen schönen Tag bereiten? Wie könnten wir uns gegenseitig einen schönen Tag bereiten?

Sei präsent – Die Fischverkäufer sind mit ganzem Herzen und mit ihrer ganzen Aufmerksamkeit bei der Arbeit. Was können wir von ihnen lernen, wenn wir füreinander und für unsere Kunden da sein wollen?

Bitte machen Sie sich dazu bis Montag Gedanken.

MJR

Am Wochenende auf dem Fischmarkt

„Na, lässt die Lehrerin Sie nachsitzen?“

Stephanie blickte auf und sah zugleich den lächelnden Lonnie und einen vorüberfliegenden Fisch. „Hallo. Tja, ich glaube man könnte sagen, dass meine Chefin mir Hausaufgaben aufgegeben hat.“

„Wir sprechen nicht zufällig von Mary Jane?“

„Woher wissen Sie das?“ Ihre Antwort wurde von einem Fischverkäufer übertönt, der mit aufgesetztem französischem Akzent „Drei Tunfische fliegen nach Paris!“ brüllte. Lonnie schien sie trotzdem verstanden zu haben. *Kein Wunder, dass die hier so aufmerksam sind*, dachte sie. *Das müssen sie sein, wenn sie bei all diesem Trubel auch nur ein bisschen was verstehen wollen.*

„Ich hab‘ Sie diese Woche mit Mary Janes Truppe hier gesehen. Außerdem sind Sie die erste von all den Joghurtfritzen, die jemals einen Fisch gefangen hat, solange ich hier arbeite.“

„Wirklich?“

„Also, wie kann ich Ihnen helfen? Sie sehen sehr nachdenklich aus.“

Sie schaute auf ihre Notizen. „Ich glaube, das mit dem *präsent sein* habe ich verstanden – eben genau so, wie Sie jetzt mir gegenüber sind. Und als ich den Fisch fing – nun ja ... ich werde nie vergessen, was für eine *Freude* Sie mir in diesem Moment gemacht hatten. *Spiele*, das ist kein Problem für mich – ich liebe es, mich zu amüsieren und herumzualbern. Aber *wähle deine Einstellung* ist mir immer noch nicht so ganz klar. Ich meine, hat die persönliche Einstellung nicht sehr viel damit zu tun, wie man behandelt wird und was einem im Leben so passiert?"

„Ich weiß genau den richtigen, um diese Frage zu beantworten: Wolf. Wolf war gerade dabei, Karriere als professioneller Rennfahrer zu machen, als er einen schweren Unfall hatte. Aber das soll er Ihnen am besten selbst erzählen. Kommen Sie, gehen wir nach hinten in den Kühlraum. Sind Sie warm genug angezogen?"

„Können wir auch gleich mitkommen?"

Stephanie wandte sich nach links und sah Steve und Randy, der einen wirklich hübschen kleinen Jungen dabei hatte. Nachdem Stephanie Lonnie ihre Kollegen vorgestellt hatte, gingen sie alle zusammen nach hinten, um mit Wolf zu sprechen, der ihnen erzählte, wie er während der Rehabilitation nach seinem Unfall lernte, sich jeden Tag aufs Neue für eine Einstellung zu entscheiden. Die drei waren tief beeindruckt, und sie nahmen sich vor, am Montag den Kollegen von ihrer Erfahrung zu berichten.

Danach hatte Steve es eilig, nach Hause zu kommen, während Stephanie noch mit Randy und seinem Sohn in ein Café auf der anderen Straßenseite ging. Die Erwachsenen tranken einen Kaffee und Randys Sohn verdrückte einen riesigen Schokomuffin.

„Weißt du was", sagte Stephanie, „wir sollten wirklich etwas gegen unsere Giftmülldeponie unternehmen. Schließlich gibt es keine Garantie, dass es im nächsten Job besser aussehen würde. Und überleg' mal: Wo findest du einen Chef wie Mary Jane? Die Frau flößt mir Respekt ein. Was die alles durchgemacht hat. Ich habe gehört, sie ist sogar diesem Blödmann Bill Walsh auf die Zehen gestiegen. Das hat sich doch bisher noch keiner der Abteilungsleiter getraut bei diesem Tyrann. Ich meine, das heißt doch was. Findest du nicht, Randy?"

„Stephanie, ich glaube, du kannst Gedanken lesen. Wenn diese irren Fischmarkttypen das hier geschafft haben, dann können wir uns mit einer Vorgesetzten wie Mary Jane die Sterne vom Himmel holen. Einfach wird es nicht werden, sicher. Viele Kollegen haben genauso viel Angst wie ich immer hatte. Sie sind dieser Entwicklung gegenüber skeptisch, weil sie Angst haben. Vielleicht hilft es, wenn wir einfach mit gutem Beispiel vorangehen. Soviel steht fest: Nichts wird besser werden, wenn wir nicht die Entscheidung treffen, es besser zu *machen*. Und ich will, dass es besser wird."

Als Stephanie zu ihrem Auto ging, sah sie Betty und ihren Mann. Sie winkte und erblickte noch weitere drei Mitarbeiter in der Menge. *Ist doch toll*, dachte sie.

Der Plan nimmt Gestalt an

Es herrschte Unruhe im Konferenzraum, als sich die erste Gruppe zum Montagsmeeting einfand. Mary Jane eröffnete das Treffen mit den Sätzen: „Wir sind hier, um auf unserer Giftmülldeponie aufzuräumen. Heute wollen wir uns überlegen, ob es noch etwas gibt, das uns der Besuch des Fischmarktes gezeigt hat, und danach wollen wir entscheiden, was unsere nächsten Schritte sein werden. Ist irgendjemandem übers Wochenende noch etwas eingefallen, das wir berücksichtigen sollten, bevor wir weitermachen?"

Stephanie und Randy sprangen auf und erzählten abwechselnd über ihre Begegnung mit Wolf. Stephanie begann.

„Wolf war sehr beeindruckend, obwohl er mir anfangs auch ein bisschen Angst eingeflößt hat. Ich meine, seine Stimme ist mehr wie ein Knurren. Wie auch immer – er erzählte uns, wie er seine Karriere als Profirennfahrer durch einen blöden Unfall von einem Tag auf den anderen plötzlich aufgeben musste. Er sagte, anfangs sei er in Selbstmitleid zerflossen, doch als ihn seine Freundin schließlich verließ und ein Freund nach dem anderen wegblieb, erkannte er, dass er eine grundsätzliche Entscheidung treffen musste. Er entschloss sich, zu leben, und zwar in vollen Zügen, anstatt sein Dasein als eine Folge verpasster Chancen an sich vorüber ziehen zu lassen. Seither hat er sich an jedem einzelnen Tag bewusst dafür entschieden, sein Leben zu genießen. Die Geschichte hat mich wirklich beeindruckt."

„Mein Sohn war fasziniert von Wolf", fuhr Randy fort. „Und der Mann hat mich dazu gebracht, einmal richtig über unsere Situation hier im dritten Stock nachzudenken und darüber, wie viel Macht wir eigentlich haben, diesen Ort zu gestalten. Wir könnten diese Abteilung zu einem großartigen Arbeitsplatz machen, wenn wir uns ein Beispiel an Leuten wie Wolf nehmen. Wir müssen uns täglich für eine positive Einstellung entscheiden, und wir müssen diese Wahl ganz bewusst treffen."

Steve fügte noch einige Bemerkungen aus seiner Sicht hinzu. Dann ergriff Mary Jane wieder das Wort.

„Danke Steve, danke Randy und danke Stephanie. Es hört sich an, als wären Sie fleißig gewesen an diesem Wochenende. Und danke, dass sich keiner die Überstunden bezahlen lassen will!“ Nachdem das Gelächter verstummt war, fragte Mary Jane: „Wer hat noch etwas beizutragen, das uns diese Punkte klarer macht?“ Fünfundvierzig Minuten später beendete Mary Jane die Diskussion. „Hat jemand eine Idee, wie wir jetzt weiter vorgehen wollen?“

„Warum teilen wir uns nicht in vier Teams auf – eines für jeden der Punkte?“, meinte einer der jüngeren Mitarbeiter.

Einige nickten.

„Gut“, sagte Mary Jane. „Ich will sehen, ob die andere Hälfte der Belegschaft auch für diese Vorgehensweise ist. Vielleicht sollten wir schon einmal eine Liste machen, in der jeder hier einträgt, in welchem Team er oder sie am liebsten mitarbeiten würde. Wenn die zweite Gruppe zustimmt, schreibe ich ein kurzes Memo und lasse es morgen verteilen. Gibt es noch etwas zu besprechen?“

Am Ende der Sitzung gab sie eine Unterschriftenliste durch und bat darum, jeder möge sich für eines der vier Teams eintragen. Auch im zweiten Meeting des Tages waren alle Mitarbeiter einverstanden mit der vorgeschlagenen Einteilung in vier Teams, und alle schienen erleichtert, dass es nun endlich einen konkreten Plan gab.

Die Teams beginnen ihre Arbeit

Das Spielteam hatte zuviel Zulauf, so dass Mary Jane ein wenig nachhelfen musste, um eine einigermaßen gleichmäßige Verteilung zu erreichen: „Ich habe hier drei echte Pike Place Fischmarkt-T-Shirts für die ersten drei, die freiwillig vom Team *Spiele* zu *Wähle deine Einstellung* oder zum *Sei Präsent*-Team wechseln.“ Als die Teams ausgewogen besetzt waren, schrieb Mary Jane ein Memo mit den Erwartungen und den allgemeinen Richtlinien für die Teams:

RICHTLINIEN FÜR DIE TEAMS

- Die Teams haben sechs Wochen Zeit, zusammen zu kommen, sich mit ihrem Thema zu beschäftigen, zusätzliche Informationen zu sammeln und eine Präsentation vorzubereiten, die dann bei einem Treffen außerhalb der Firma der gesamten Gruppe vorgestellt wird.
- Jede Präsentation muss einige Vorschläge für konkrete Maßnahmen beinhalten, über deren Durchführung wir dann entscheiden.

- Es unterliegt der Verantwortung der einzelnen Teams, zu vereinbaren, wann sie sich treffen wollen. Pro Woche dürfen dafür zwei Stunden Arbeitszeit verwendet werden. Es muss dafür gesorgt sein, dass alle, die während ihrer regulären Arbeitszeit an den Meetings teilnehmen, in dieser Zeit von Mitarbeitern vertreten werden.
- Jedes Team hat einen Etat von zweihundert Dollar, der nach eigenem Ermessen ausgegeben werden kann.
- Die Teams sind für die Durchführung ihrer Meetings selbst verantwortlich.
- Falls es Schwierigkeiten geben sollte oder ein Team das Gefühl hat, in einer Sackgasse zu stecken, stehe ich zur Verfügung. Eindeutig lieber sähe ich es aber, wenn die Teams ihre Probleme auch als Team lösen.

Viel Glück!
Schaffen wir uns den Arbeitsplatz, an dem wir arbeiten wollen!

MJR

Die Präsentationen der Teams

Sechs Wochen waren vergangen, seit die Teams mit ihren Meetings begonnen hatten. Nun sollten die Präsentationen stattfinden. Mary Jane fragte Bill, ob die anderen Abteilungen einen Vormittag lang die wichtigsten Aufgaben des dritten Stocks übernehmen könnten, damit die ganze Gruppe teilnehmen konnte. Bill überraschte sie mit dem Vorschlag, höchstpersönlich zu helfen und zudem noch das Organisieren der Vertretungen zu übernehmen. „Ich weiß zwar nicht, was Sie da veranstalten", sagte er, „aber ich kann spüren, dass sich im dritten Stock etwas tut. Da ist schon jetzt eine ganz andere Energie vorhanden. Machen Sie weiter so und geben Sie mir Bescheid, wenn ich noch etwas tun kann."

Mary Jane war ein wenig nervös. Jedes der Teams hatte sie zumindest einmal zu Rate gezogen und sie hatte sich ernsthaft bemüht, ihnen zu helfen und sie zu unterstützen, ohne sich allzu sehr einzumischen. Man hatte sie während der letzten zwei Wochen gebeten, Lesestoff zu bestimmten Themen zu besorgen und den Konferenzraum benutzen zu dürfen, aber darüber hinaus hatte keines der Teams Wünsche geäußert. Für heute waren also die Präsentationen angesetzt. Sie hatte nicht die leiseste Ahnung, was die Teams im Einzelnen vorbereitet hatten.

Um neun Uhr morgens machten sich alle zum Hotel Alexis auf, nachdem Bill und die übrigen Freiwilligen für die Vertretung im Büro eingetrudelt waren. „Viel Glück“, sagte er.

Als sie im Hotel ankamen, stellte Mary Jane fest, dass der Konferenzraum, den sie benutzen würden, den Namen ‚Market Room‘ trug. *Wie passend*, dachte sie. Sie hatte entschieden, dass das Einstellungs-Team seine Arbeit zum Schluss vorstellen sollte, und erklärte den anderen Teams: „Ich möchte, dass wir uns den Punkt, der allen anderen zugrunde liegt, zuletzt vornehmen.“

Sie spürte eine Welle von Emotionen in sich aufsteigen, als sie den Raum betrat. Es war wie ein Meer von Farben, Musik und Energie. Ballons hingen an jedem der Stühle und farbenprächtiger Blumenschmuck belebte die Atmosphäre. *Sie haben sich der Herausforderung gestellt*, dachte sie. *Ihre Uhren sind wieder aufgezogen*. Die größte Überraschung saß am anderen Ende des Raums, in voller Fischhändler-Montur. Es war Lonnie. Sie nahm neben ihm Platz und die Präsentationen begannen.

Das Spiele-Team

Ein Mitglied des Spiele-Teams bat um Ruhe und forderte die gesamte Belegschaft auf, nach vorne zu kommen. Während die Instruktionen erteilt wurden, standen die Leute anfangs etwas verlegen da. „Wir haben uns bei unserem Bericht für ein Spiel entschieden, das wir alle gemeinsam spielen werden", sagte Betty, die Sprecherin des Spielteams.

Das Team hatte ein Spiel entwickelt, bei dem farbige Papierscheiben, am Boden angebracht, den Weg kennzeichneten. Man durfte sich von einer Scheibe zur nächsten bewegen, solange die Musik spielte. Auf jeder Scheibe stand ein wichtiger Punkt aus dem Spielbericht zu lesen. Jedes Mal wenn die Musik aufhörte, musste derjenige, der gerade auf einer bestimmten Scheibe stand, den darauf geschriebenen Text vorlesen. Es war ein bisschen so wie ein Cakewalk.* Es gab zwei Arten von Texten: Argumente für die Vorteile der neuen Arbeitsweise und eine Liste von Ideen zur konkreten Umsetzung in der Abteilung. *Tolle Idee*, dachte Mary Jane.

* Improvisierter, stark synkopierter Tanz, besonders um 1900 in den amerikanischen Tanzhallen in Mode, wird zu Musik getanzt, aus der sich später der Ragtime entwickelte.

Vorteile des spielerischen Umgangs mit der Arbeit

- Glückliche Menschen behandeln auch andere gut.
- Spaß macht die Menschen kreativ.
- Die Zeit vergeht wie im Flug.
- Sich zu amüsieren ist gut für die Gesundheit.
- Die Arbeit selbst erscheint als Lohn, nicht nur als Mittel zum Lohn.

Umsetzung eines spielerischen Arbeitsstils in unserer Abteilung

- Aufhängen von Warnschildern mit der Aufschrift SPIELPLATZ – VORSICHT, ERWACHSENE KINDER!
- Einführen eines Wettbewerbs *Witz des Monats* mit zugehörigem schwarzem Brett.
- Mehr Farbe in den dritten Stock, unsere Arbeitsumgebung muss interessanter werden.
- Pflanzen und ein Aquarium machen die Atmosphäre lebendiger.

- Ab und zu besondere Aktionen, zum Beispiel Auftritt eines Komikers in der Mittagspause.
- Kleine Lämpchen, die man einschalten kann, wenn einem ein Licht aufgegangen ist oder wenn es mal wieder Zeit ist, Pause zu machen und sich einen auf die Lampe zu gießen.
- Kreativitätskurse.
- Einführung einer eigenen Kreativitätszone namens *Sandkiste.*
- Gründung eines Spielkomitees als Dauereinrichtung, um laufend neue Ideen zu entwickeln.

Das Freude-bereiten-Team

Nun war die Präsentation zum Thema *Anderen Freude bereiten* an der Reihe. „Geht raus ins Foyer und trinkt einen Kaffee, während wir hier alles vorbereiten", lautete die erste Anweisung. Als alle wieder in den Tagungsraum gerufen waren, wurde die Belegschaft in kleine Gruppen eingeteilt, zu denen auch jeweils ein Mitglied des Freude-bereiten-Teams gehörte. Stephanie erläuterte ihre Aufgabenstellung, während die Teams durch den Raum schlenderten.

„Ich möchte, dass sich jede Gruppe fünfundvierzig Minuten Zeit nimmt, um Strategien zu entwickeln, wie wir die Arbeit einer besonders wichtigen Gruppe von Menschen, nämlich unserer firmeninternen Kunden, unterstützen und fördern könnten. Doch zuerst möchte ich euch mit ein paar Fakten vertraut machen. Ich habe hier die Ergebnisse einer Kundenumfrage, die wir in der Firma durchgeführt haben. Holt noch mal tief Luft, denn was ihr jetzt gleich sehen werdet, dürfte euch kaum gefallen." Sie schaltete den Diaprojektor ein. Der Schreck war im Raum geradezu greifbar, man hörte sogar jemanden nach Luft schnappen.

ERGEBNIS DER KUNDENBEFRAGUNG

1. Unsere Kunden haben regelrecht Angst, mit uns zusammenzuarbeiten. Sie bezeichnen uns als „Schlafwandler“, weil wir auf sie den Eindruck von Menschen machen, die Schlafmittel eingenommen haben. Sie würden sogar einen ordentlichen Streit der unpersönlichen und desinteressierten Behandlung vorziehen, die sie von uns bekommen.
2. Die Arbeit, die wir tun, ist im Großen und Ganzen in Ordnung, aber es kommt kaum jemals vor, dass wir uns wirklich anstrengen, unseren Kollegen beim Umgang mit externen Kunden das Leben leichter zu machen. Wir machen Dienst nach Vorschrift, und damit hat es sich.
3. Oftmals vermitteln wir unseren Kunden das Gefühl, dass sie uns bei etwas Wichtigem stören.

4. Es kommt regelmäßig vor, dass Kunden über mehrere Stationen weiterverbunden werden, ohne dass sie je das Gefühl bekommen, irgendjemand sei daran interessiert, ihr Problem zu lösen. Es entsteht der Eindruck, dass wir versuchen, Verantwortung von uns abzuwälzen.
5. Unsere Kunden machen Witze über unsere Reaktion, oder besser gesagt: über das Ausbleiben einer Reaktion des dritten Stocks, wenn nach vier Uhr nachmittags noch ein Problem auftritt. Sie amüsieren sich darüber, dass jeden Tag um Punkt halb fünf ein Wettrennen zum Aufzug stattfindet.
6. Unsere Kunden glauben nicht, dass wir uns in irgendeiner Weise der Firma verbunden fühlen.
7. Man nennt uns „das letzte Stadium".
8. Es werden bereits Überlegungen angestellt, ob man die Abteilung auflösen und unsere Arbeit an eine externe Firma vergeben könnte.

Stephanie sagte: „Zuerst waren wir erschrocken über diese Antworten, dann wurden wir wütend. Dann haben wir langsam begriffen, dass dies eben genau das ist, was unsere Kunden denken. Es ist völlig egal, welche Ausreden wir haben und wie wir es drehen und wenden. Das ändert alles nichts daran, was unsere firmeninternen Kunden denken. Das ist ihre Sicht der Realität. Die Frage ist – wie wollen wir damit umgehen?"

Ein anderes Teammitglied fuhr aufgeregt fort: „Ich glaube, wir wissen gar nicht, wie wichtig wir für das Geschäft von First Guarantee sind. Viele Menschen sind von uns abhängig, und die sehen alt aus, wenn wir sie hängen lassen oder nicht in die Gänge kommen. Die Tatsache, dass viele von uns noch andere Verpflichtungen haben und dass wir nicht gerade viel verdienen, ist nicht das Problem unserer Kunden. Die versuchen lediglich, für ihre eigenen Kunden – die ja letzten Endes auch unsere Löhne zahlen – eine Dienstleistung zu erbringen. Wir wirken dabei oft genug, als wollten wir sie daran hindern, die firmenexternen Kunden zufrieden zu stellen."

Stephanie ergriff wieder das Wort: „Wir brauchen eure Ideen, und zwar dringend. Bitte helft uns, die Giftmülldeponie zu verlassen und unseren Kunden das Leben leichter zu machen – ihnen, wenn ihr so wollt, einen schönen Tag zu bereiten. Jede Gruppe hat 45 Minuten Zeit, so viele Ideen wie möglich zu sammeln. Sucht euch einen Platz und legt los. Zu jeder Gruppe gehört ein Mitglied unseres Teams, das als Schriftführer fungieren wird." Einen Moment lang herrschte Stille. Dann begannen die Gruppen, das Problem untereinander zu diskutieren, noch immer getragen von der Energie der ersten Präsentation.

Als die Zeit um war, verkündete Stephanie: „Wir machen jetzt eine kurze Pause, in der die Schriftführer ihre Notizen ordnen und ins Reine schreiben können." Nach zehn Minuten rief sie die Belegschaft wieder zusammen. „Wir wollen jetzt einen kurzen Blick auf die Ergebnisse werfen", sagte sie, „und der erste Preis geht an die Gruppe von Tisch vier." Die Mitglieder der Gruppe von Tisch vier kamen nach vorne und jeder von ihnen bekam einen „Freude bereiten"-Button. Alle anderen bekamen kleinere Anstecker. Dann galt die allgemeine Aufmerksamkeit dem zusammenfassenden Bericht des Teams.

Anderen Freude machen: Nutzeffekt

- Es ist gut fürs Geschäft.
- Unseren Kunden zu dienen wird uns die Befriedigung geben, die darin liegt, anderen zu helfen. Es wird uns von unseren Problemen ablenken und unsere Aufmerksamkeit auf die Frage lenken, wie wir einen positiven Einfluss auf das Leben anderer nehmen können. Das ist gesund, vermittelt ein gutes Gefühl und wird noch mehr Energie freisetzen.

Anderen Freude machen: Maßnahmen

- Wir könnten unsere Arbeitszeiten staffeln, so dass die Abteilung von sieben Uhr morgens bis sechs Uhr abends erreichbar ist. Das wird unseren Kunden helfen (und vielleicht auch einigen von uns, für die flexiblere Anfangszeiten gut wären).
- Wir könnten Arbeitsgruppen zusammenstellen, die nach Wegen suchen, wie wir unseren Kunden von Nutzen sein können. Zum Beispiel wäre es vielleicht eine gute Idee, Spe-

zialistenteams einzurichten, die für jeweils andere Kundengruppen zuständig sind.

- Man könnte einen monatlichen und einen jährlichen Geldpreis aussetzen, verliehen aufgrund der Reaktionen von Kunden, die das Gefühl hatten, ihr Tag sei durch uns besser geworden.
- Wir sollten einen Rundum-Feedback-Prozess ins Leben rufen, der unsere Kunden mit einbezieht.
- Wir könnten unsere wichtigsten Kunden einladen, einmal im Monat zu Spiel und Spaß bei uns vorbeizukommen.
- Wir könnten versuchen herauszubekommen, ob es möglich wäre, die Philosophie des „*moment of truth*“, die bei der skandinavischen Fluglinie SAS entwickelt wurde, auch bei uns umzusetzen. Das heißt, wir würden versuchen, jeden Kundenkontakt für den jeweiligen Kunden zu einer positiven Erfahrung werden zu lassen.

Mary Jane strahlte innerlich. *Wenn sie sich so engagieren, dann können wir die Abteilung umkrempeln. Stephanie ist Feuer und Flamme und ihre ganze Gruppe scheint von diesem Enthusiasmus angesteckt zu sein. Wir können es schaffen! Ich weiß es!* Aus den Augenwinkeln sah sie in Lonnies Gesicht einen zufriedenen Ausdruck.

Das Präsenz-Team

Das Präsenz-Team hatte eine vollkommen andere Art der Präsentation gewählt, was eine willkommene Abwechslung bedeutete. Leise Musik erfüllte den Raum und die Sprecherin des Teams begann: „Schließt eure Augen und entspannt euch. Versucht, ruhig und gleichmäßig zu atmen, während ich euch einige Bilder beschreibe, die uns helfen werden, ganz präsent zu sein."

Als sie fertig war, sagte sie: „Jetzt hört zu, was die Mitglieder unseres Teams zu sagen haben. Bleibt entspannt, versucht, gleichmäßig zu atmen und lasst die Augen geschlossen."

Es folgten einige kontemplative Texte. Einer davon lautete in etwa:

FISH!

Die Vergangenheit ist Geschichte
Die Zukunft ein Geheimnis
Das Heute ist ein Präsent an uns
Darum nennen wir es ‚Präsens'

John erzählte eine sehr persönliche Geschichte. „Mein ganzes Leben war eine große Hetzjagd", sagte er mit Traurigkeit in der Stimme. „Ich hatte immer Schwierigkeiten, finanziell über die Runden zu kommen und hab' geschuftet wie verrückt. Einmal wollte meine Tochter mit mir in den Park gehen. Ich sagte ihr, das sei eine wundervolle Idee, aber ich hätte gerade eine Menge zu tun. Ich sagte ihr, sie solle warten bis später, wenn die Arbeit erledigt wäre. Aber es gab irgendwie immer etwas Dringendes, das zuerst erledigt werden musste. So wurden Tage zu Wochen und Wochen zu Monaten." Mit erstickter Stimme erzählte er, dass vier Jahre vergangen waren und dass er nie die Zeit gefunden hatte, mit seiner Tochter in den Park zu gehen. Inzwischen sei die Tochter fünfzehn und interessiere sich nicht mehr für den Park und ebenso wenig für ihren Vater.

John machte eine Pause und atmete tief durch. „Ich habe mit einem der Fischhändler gesprochen und mir wurde klar, wie selten ich zu Hause oder bei der Arbeit wirklich präsent gewesen war. Der Fischhändler lud mich ein, mit der ganzen Familie auf den Fischmarkt zu kommen. Meine Tochter hatte keine Lust, aber schließlich habe ich sie doch herumgekriegt und sie kam mit. Es war ein schöner Ausflug und ich bemühte mich, für meine Kinder präsent zu sein. Als meine Frau mit meinem Sohn in einem Spielzeugladen verschwand, setzte ich mich mit meiner Tochter auf eine Bank und erzählte ihr, wie leid es mir tut, dass ich nie richtig für sie da war. Ich sagte ihr, dass ich hoffe, dass sie mir verzeihen kann. Und wenn ich auch die Vergangenheit nicht ändern kann, so habe ich ihr doch gesagt, dass ich jetzt entschlossen bin, in der Gegenwart für sie da zu sein. Sie sagte mir, ich sei gar kein so schlechter Vater – ich müsse bloß ein bisschen lockerer werden. Ich habe noch einen weiten Weg vor mir", sagte er, „aber ich arbeite daran. Präsent sein kann mir vielleicht etwas zurückgeben, dessen Verlust mir gar nicht bewusst gewesen war: die Beziehung zu meiner Tochter."

Als John fertig war, flüsterte Lonnie Mary Jane zu: „Der Fischhändler war Jacob. Der ist seitdem auf Wolke sieben. Er ist neu bei uns und es war das erste Mal, dass er jemandem richtig helfen konnte."

Janet war ebenfalls sichtlich bewegt, als sie von einer Mitarbeiterin auf ihrer vorigen Arbeitsstelle erzählte. „Sie versuchte immer, meine Aufmerksamkeit zu erregen, aber ich war immer mit meinen persönlichen Dingen beschäftigt und wir bekamen nie richtig Kontakt. Dann ging auf einmal alles drunter und drüber. Offenbar war sie mit ihrer Arbeit völlig überfordert gewesen und hatte, weil sie es niemanden merken lassen wollte, ihre Berichte und Abrechnungen frei erfunden. Als alles herauskam war es viel zu spät, um noch irgendetwas zu retten. Sie verlor ihren Job und die Firma verlor einen Klienten und einen Haufen Geld. Und ich verlor schließlich auch meinen Job, weil wir in diesem Bereich keine neuen Kunden anwerben konnten. Das alles hätte vermieden werden können, wenn ich für eine Mitarbeiterin, die Hilfe suchte, erreichbar gewesen wäre."

Danach erzählte Beth ein persönliches Erlebnis, wie sie vor dem Fernseher auf dem Hometrainer Fahrrad gefahren war und gleichzeitig versucht hatte, etwas zu lesen, als ihr Sohn hereinkam und sich auf die Couch setzte. Sie konnte sehen, dass er deprimiert war. „Eine Mutter spürt so etwas", sagte sie. „Früher hätte ich weiter gestrampelt, gelesen und das Fernsehprogramm verfolgt, während ich mit ihm redete. Aber Erfahrung und eine Scheidung haben mich gelehrt, dass diese Art von Effizienz nicht immer ratsam oder hilfreich ist, wenn es um Familienangelegenheiten geht. Also machte ich den Fernseher aus, kletterte von meinem

Fahrrad herunter, legte die Zeitung weg und verbrachte die nächste Stunde damit, aufmerksam zuzuhören, während mein Sohn mir seine Schwierigkeiten beschrieb, mit seinem Leben zurechtzukommen. Ich war richtig froh, dass ich mich dafür entschieden hatte, ganz präsent zu sein."

Mehrere andere Mitglieder der Gruppe berichteten von Erlebnissen aus ihrem privaten oder beruflichen Leben. Dann bekräftigten sie ihre Entschlossenheit, für einander und für ihre Kunden präsent zu sein. „Wenn man präsent ist, zeigt man seine Achtung vor dem anderen Menschen", fügte eines der Teammitglieder hinzu. Sie verpflichteten sich auch, ganz präsent zu sein, wenn eine wichtige Frage diskutiert würde, mit ihren Mitarbeitern ebenso wie mit Kunden; sie würden aufmerksam zuhören und sich nicht ablenken lassen. Sie forderten einander auf, zu fragen, „Passt es dir gerade? Bist du präsent?" Um einander in dieser Beziehung zu unterstützen, vereinbarten sie einen Code. „Du wirkst abwesend" sollte das Signal sein, wenn jemand mit seinen Gedanken offenbar nicht bei der Sache war. Alle verpflichteten sich, den Versuch zu unternehmen. Und alle versprachen, keine E-Mails mehr zu lesen oder zu beantworten, wenn sie einen Kollegen oder einen Kunden am Telefon hatten.

Das Einstellungs-Team

Zum Schluss kam das Einstellungs-Team an die Reihe. Ihr Bericht war kurz und prägnant. „Hier sind die Vorteile, die sich nach unserer Meinung aus einer bewussten Wahl der eigenen Einstellung ergeben.

Erstens: Wer begreift und akzeptiert, dass er selbst seine Arbeitseinstellung wählt, zeigt Verantwortungsbewusstsein und den Willen zu handeln; beides sind Eigenschaften, die den dritten Stock ganz von allein mit Energie anfüllen werden.

Zweitens: Die Wahl der eigenen Einstellung und das Gefühl, dem Schicksal hilflos ausgeliefert zu sein, schließen sich gegenseitig aus.

Drittens: Wir hoffen, dass ihr euch dafür entscheidet, auf der Arbeit euer Bestes zu tun und eure Arbeit mit Freude zu erledigen. Wir machen im Moment vielleicht nicht gerade die Arbeit, die wir mögen – aber jeder von uns kann sich dazu entschließen, die Arbeit zu mögen, die er macht. Wir können bei der Arbeit unser Bestes geben – es ist unsere Entscheidung. Wenn wir das schaffen, dann wird unser Arbeitsplatz eine Oase der Energie, der Flexibilität und der Kreativität in einem harten Geschäft sein."

Maßnahmen zur Wahl der Einstellung

Margaret, die enthusiastische Sprecherin des Teams, sagte, dass der Plan zur Umsetzung der Wahl der eigenen Einstellung ein sehr persönlicher sei. „Viele von uns haben vergessen, dass sie eine Wahl haben. Wir dürfen einander nicht überfordern, aber wir müssen zusammen daran arbeiten, unsere Fähigkeit zur freien Entscheidung wieder auszuüben. Wenn wir nicht wissen, dass wir eine Wahl haben oder nicht daran glauben, dann haben wir auch keine. Es gibt Leute hier, die in ihrem Privatleben schwere Schicksalsschläge einstecken mussten. Einige von uns werden eine ganze Weile brauchen, bis sie in der Lage sind, die Idee der freien Wahl der eigenen Einstellung wirklich in sich aufzunehmen."

Ein anderes Teammitglied fuhr fort: „Wir haben uns für zwei Wege entschieden, die Wahl der Einstellung in die Tat umzusetzen, und wir haben bereits ein paar Dinge in die Wege geleitet.

Zunächst einmal haben wir für jeden von euch ein kleines Buch besorgt, das *Die sieben Wege zur Effektivität* heißt. Unser Team wird Diskussionsgruppen anbieten, wenn ihr Zeit hattet, es zu lesen. Wenn das gut läuft, werden wir uns auch mit den Büchern *Der wunderbare Weg, Gung Ho!* und vielleicht auch noch mit *Raving Fans* und *Personal Accountability:*

Your Path to a Rewarding Work Life befassen. Alle diese Bücher können uns dabei helfen, das Konzept der freien Wahl der Einstellung zu verstehen.

Als zweites haben wir ein Einstellungs-Menü vorbereitet, das ihr alle im Büro benutzen könnt. Eine frühere Version davon habt ihr schon gesehen. Wir wissen leider immer noch nicht, wer die erste Fassung im dritten Stock aufgehängt hat, deswegen können wir uns nicht bedanken. Jetzt hat also jeder von euch seine persönliche Wahlkarte für jeden Tag."

Mary Jane schaute sich ihre Auswahlkarte an. Sie hatte zwei Seiten. Auf einer Seite war ein Gesicht mit zusammengezogenen Augenbrauen zu sehen, umgeben von Worten wie *wütend, desinteressiert* und *verbittert*. Auf der anderen Seite gab es ein lächelndes Gesicht und Worte wie *energiegeladen, liebevoll, vital, hilfreich* und *kreativ*. Am oberen Rand stand: DU HAST DIE WAHL. Es war eine hübsche Weiterentwicklung der Menü-Karte über dem Haupteingang des dritten Stocks. Mary Jane sprang auf und begann, jedem einzelnen ihrer Mitarbeiter zu gratulieren. Lonnie war ein paar Schritte hinter ihr und sprach der Belegschaft auf seine eigene Weise Mut zu. Die Mittagspause war schon vorüber, als sie endlich mit allen gesprochen hatte. Sie wusste jetzt, dass sie auf dem richtigen Weg waren, mit der Giftmülldeponie aufzuräumen.

Lonnie begleitete Mary Jane zurück in die Firma. Es war kein Wunder, dass sie eine Menge verwunderter Blicke auf sich zogen: eine Frau im modischen Bürodress und ein Fischhändler in Schürze und Gummistiefeln. Wirklich überraschend war nur, wie viele der Leute hier Lonnie kannten.

„Ihr Boss weiß also gar nichts von dem Angebot, wenn ich recht verstehe", sagte Lonnie. Zwei Wochen zuvor hatte Mary Jane völlig unerwartet einen Telefonanruf aus der Personalabteilung des Hauptkonkurrenten von First Guarantee bekommen, der sie abwerben wollte.

„Nein, ich glaube nicht. Ich glaube, der Personalchef hatte mit meiner alten Chefin geredet – die Frau, die vor kurzem First Guarantee verlassen und eine tolle Stelle in Portland angetreten hat. Ich habe in der Firma jedenfalls nichts verlauten lassen."

„Ich habe erst gar nicht verstanden, wie Sie so ein lukratives Angebot ausschlagen konnten, aber jetzt kapiere ich warum. Sie sind dazu entschlossen, diesen Prozess zu Ende zu führen und Sie wollten Ihre Leute nicht im Stich lassen, stimmt's?"

„Das ist nur einer der Gründe, Lonnie. Aber nachdem ich so viel investiert habe, um First Guarantee zu einem besseren und fröhlicheren Arbeitsplatz zu machen, warum sollte ich jetzt gehen? Der Spaß fängt doch gerade erst an!"

Sonntag, 7. Februar: Im Café ein Jahr später

Mary Jane holte ihr zerlesenes Exemplar von *Einfachheit und Fülle* heraus und suchte die Seite für den 7. Februar.

Dieses Buch ist wirklich zeitlos, dachte sie. *Vor einem Jahr saß ich hier und fragte mich, wie ich es jemals schaffen sollte, die Giftmülldeponie im dritten Stock aufzuräumen. Und hier ist mir auch klargeworden, dass das Problem zum Teil bei mir selbst lag, dass ich nicht erwarten konnte, die Gruppe zu führen, solange ich mich selbst führungslos treiben ließ.*

Diese Teamberichte im Hotel waren ein großartiger Anfang. In den Leuten steckte so viel mehr als sie bis dahin gezeigt hatten – es bedurfte nur einer Handvoll Fischhändler, um ihre Fähigkeiten zum Vorschein zu bringen. Der dritte Stock hat sich vollkommen verändert und unser neues Problem sind die vielen Leute aus allen Abteilungen der Firma, die gern zu uns wechseln möchten. Ich nehme an, diese überschäumende Energie war die ganze Zeit im Verborgenen schon da.

Und die Auszeichnung durch die Vorstandsvorsitzende war so eine schöne Überraschung. Ich glaube, sie war ziemlich verblüfft, als ich sie um so viele Kopien der Urkunde bat. Eine für mich, eine für Bill, eine für jeden Mitarbeiter der Abteilung und jeweils eine für Lonnie und seine ganzen Kumpel auf dem Fischmarkt. Ich freue mich jedes Mal, wenn ich sie über der Kasse auf dem weltberühmten Pike Place Fischmarkt oder an ihrem Ehrenplatz in Lonnies Wohnzimmer hängen sehe.

Sie öffnete ihr Notizbuch an der Stelle, wo sie sich eine ihrer Lieblingspassagen von John Gardner notiert hatte, einen Text über den Sinn des Lebens.

Sinn

Sinn ist nichts, über das man stolpert, so wie die Antwort auf ein Rätsel oder der Preis bei einer Schnitzeljagd. Sinn ist etwas, das man selbst im Zentrum seines Lebens aufbaut. Man erbaut es aus seiner Vergangenheit, aus seiner Zuneigung und Loyalität, aus den Erfahrungen der Menschheit, die man ererbt hat, aus seinen eigenen Gaben und seinem Verstand, aus all dem, woran man glaubt, aus den Dingen und Menschen, die man liebt, aus den Werten, für die man etwas aufzugeben bereit ist. Alle Zutaten sind vorhanden. Doch du bist der einzige Mensch, der sie zusammenfügen kann zu dem Muster, das dein Leben ist. Trage Sorge, dass es ein Leben ist, das Würde und Sinn für dich hat. Wenn das gelingt, dann fällt der Ausschlag des Pendels nach Erfolg oder Misserfolg kaum mehr ins Gewicht.

John Gardner

Mary Jane wischte sich verstohlen eine Träne aus den Augen, als sie das Notizbuch schloss, in das sie ihre persönlichen Gedanken und die Losungen, die ihr immer wieder halfen, niederschrieb.

„Lonnie, könnte ich wohl ein Stück von dem Hörnchen bekommen, bevor du das ganze dusselige Ding allein verdrückt hast?“ Lonnie hatte ihr schweigend gegenüber gesessen und ebenfalls gelesen. Er schob den Teller zu ihr hinüber. Als sie nach dem Hörnchen greifen wollte, fand sie stattdessen einen großen Fischkopf, der einen kleinen diamantbesetzten Verlobungsring im Maul hielt. Sie schaute Lonnie an, in dessen Blick ein einziges großes Fragezeichen geschrieben stand. Zwischen Lachen und Husten sprudelte es aus ihr hervor: „Oh Lonnie! Ja! Ja, ich will! Aber hörst du denn niemals auf zu spielen?“

Draußen war es ein kalter, dunkler, trübseliger Tag in Seattle gewesen. Drinnen dagegen ging etwas ganz anderes vonstatten.

DIE PREISVERLEIHUNG DURCH DIE VORSTANDSVORSITZENDE

Die Vorsitzende kam zum Rednerpult und blickte ins Publikum. Sie warf einen Blick auf ihre Notizen, sah wieder auf und sagte: „Ich kann mich nicht erinnern, jemals im Leben so stolz gewesen zu sein wie heute Abend. Etwas ganz Besonderes ist hier bei First Guarantee geschehen. In einer Verwaltungsabteilung im dritten Stock haben Mary Jane Ramirez und ihr Team neu entdeckt, dass befriedigende und lohnende Arbeitstätigkeit eine Entscheidung sein kann, die wir treffen, wenn wir morgens durch die Tür kommen. Und dazu ist nichts weiter nötig als die simple Frage ‚Wird das ein guter Tag werden?', auf die man sich selbst die Antwort gibt: ‚Ja, ich entscheide mich dafür, dies zu einem schönen Tag zu machen!'

Menschen, die schon sehr lange bei uns arbeiten, legen plötzlich einen Eifer an den Tag, wie man ihn sonst nur bei neuen Mitarbeitern in der ersten Woche ihrer Probezeit feststellen kann, und was einmal als Routinearbeit galt, wurde zu einer Aktivität mit Mehrwert-Effekt. Ich habe gehört, dass sich der Anstoß zu diesem Wandel auf einem Fischmarkt hier in der Stadt fand. Das Team des dritten Stocks erkannte, dass man, wenn sich ein Fischmarkt zu einem großartigen Arbeitsplatz machen lässt, auch aus jeder Abteilung der First Guarantee einen großartigen Arbeitsplatz machen kann.

Die Bedingungen für diesen Wandel wurden auf eine Plakette geschrieben, die nun im Haupteingang des Firmengebäudes aufgehängt ist. Dort steht zu lesen:

UNSER ARBEITSPLATZ

Wenn Sie dieses Gebäude betreten, bitte *entscheiden* Sie sich dafür, diesen Tag zu einem guten Tag zu machen. Ihre Kollegen, Kunden, Mitarbeiter und Sie selbst werden Ihnen dafür dankbar sein. Finden Sie Möglichkeiten, *spielerisch* an die Arbeit heranzugehen. Wir können unsere Arbeit ernst nehmen ohne dabei uns selbst über die Maßen ernst zu nehmen. Bleiben Sie am Ball, damit Sie *präsent* sind, wenn Ihre Kunden oder Mitarbeiter Sie brauchen. Und wenn Sie merken, dass Ihre Energie nachlässt, so gibt es ein absolut sicheres Gegenmittel: Finden Sie jemanden, der Hilfe braucht, ein Wort der Unterstützung oder einen aufmerksamen Zuhörer – und *bereiten Sie ihm einen schönen Tag.*

Danksagung

Viele Menschen haben dazu beigetragen, dieses Buch zu einem Erfolg zu machen, und wir möchten jedem von ihnen danken, auch wenn wir wissen, dass wir wahrscheinlich jemanden vergessen werden. Zunächst nennen wir all diejenigen, denen unser Dank gilt, um dann am Ende vier von ihnen besonders herauszuheben.

Man kann sich keinen besseren Verlag vorstellen. Es scheint beinahe unfair gegenüber der Konkurrenz, dass die Leute von Hyperion so außergewöhnlich gut sind. Zu dem phantastischen Team, mit dem wir arbeiten durften, gehören:

Bob Miller, Martha Levin, Ellen Archer, Jane Comins, Michael Burkin, Mark Chait, Jennifer Landers, Claire Ellis, Andrea Ho, David Lott und Vincent Stanley. Ein herzliches Dankeschön gebührt außerdem der beeindruckenden Vertreterbrigade von Time-Warner Trade Publishing.

Und was für unbeschreibliches Glück wir hatten, die weltbeste Agentur zu finden! Hier folgt die Starbesetzung der Margaret McBride Agentur:

Jason Cabassi, Donna DeGutis, Sangeeta Mehta und Kris Sauer.

Dieses Buch würde nicht existieren, gäbe es nicht den unglaublichen Fisch vom Pike Place. Ein großer Dank an den

Besitzer, Johnny Yokoyama, und die Jungs an den Ständen, die den weltberühmten Fischmarkt geschaffen haben und am Laufen halten.

Dann gibt es noch die bekannten Autoren und Unternehmensführer, die uns an ihrem Wissen und ihren Publikationen teilhaben ließen. Die Unterstützung so bedeutender Personen ist eine große Ehre für uns. Wir danken an dieser Stelle:

Sheldon Bowles, Richard Chang, Peter Economy, Peter Isler, Spencer Johnson, Lori Lockhart, Bob Nelson, Robert J. Nugent, Hyrum Smith, Donald D. Snyder und Richard Sulpizio.

Wir möchten uns auch bei den Angestellten von Blanchard Companies und ChartHouse Learning bedanken – für viele kleine Gesten, die insgesamt eine große Hilfe waren.

Nun kommen wir zu vier Menschen, die ganz wesentliche Beiträge geleistet haben:

Da ist einmal unser Verleger Will Schwalbe mit seinem Enthusiasmus, seiner Erfahrung und seiner Bereitschaft, das Buch bis zur letzten Minute immer wieder zu verbessern.

Dann Patrick North von ChartHouse, der uns sein mit dem Mobius-Designpreis ausgezeichnetes Talent selbstlos zur Verfügung gestellt hat.

Ken Blanchard stand uns mit Rat und Tat zur Seite und schrieb ein wunderbares Vorwort.

Und schließlich die beste Agentin von allen – Margret McBride, ein wahrer Schatz für jeden Autor.

Euch allen: Danke.

Stephen C. Lundin
Harry Paul
John Christensen